Albert LEUNE

PETIT MANUEL

CONTRE LA

GUERRE

PARIS

Cie Française des Papiers-Monnaie
8, Rue Caroline, 8

—

1907

PETIT MANUEL

CONTRE LA

GUERRE

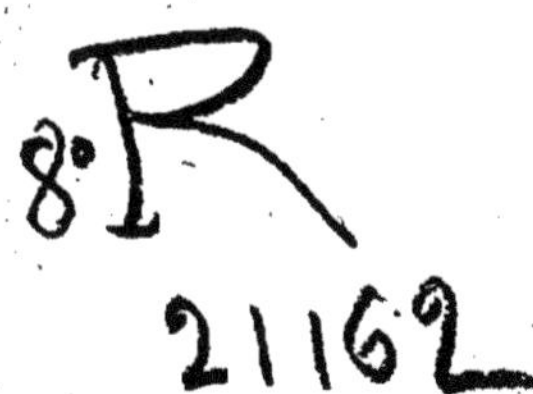

Albert LEUNE

PETIT MANUEL

CONTRE LA

GUERRE

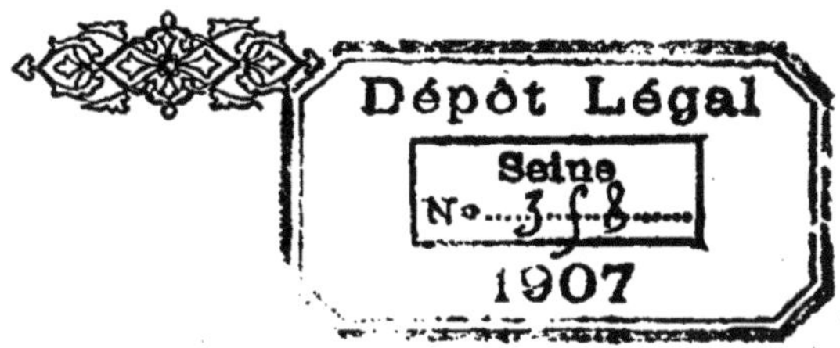

PARIS

Cⁱᵉ Française des Papiers-Monnaie
8, Rue Caroline, 8

—

1907

AVANT-PROPOS

Comme je n'ai pas eu l'intention de faire une publication périodique contre la guerre (ne le pouvant, hélas! pas), j'ai dû me conformer au précepte d'Aristote : ἀνάγκη σθῆναι, il faut s'arrêter, se limiter.

Je ne cite que quelques exemples des maux directs et indirects de la Guerre.

Se rapportant à une courte période, ils me semblent suffisamment éloquents.

Sans doute, en dépit de toutes précautions, des catastrophes arrivent et arriveront encore, tant que la cause néfaste subsistera.

Fixer, brièvement et nettement, quelques-uns de ses méfaits très connus, incontestables et incontestés : c'est tout ce que j'ai voulu faire.

INTRODUCTION

Plaider la Cause de la Paix ! Que l'idée est donc peu neuve ! Mais elle est encore, hélas ! de celles dont les ambitions cupides, les crises économiques, les intrigues financières se chargent de constamment rajeunir le caractère de permanente actualité.

Je veux être bref et j'omettrai de parler des luttes de l'époque quaternaire. Je ne rééditerai même pas (je ne le pourrais faire qu'à ma façon, ce qui serait un véritable désastre) l'Iliade ni même la « Chanson de Roland » et, s'il m'arrive de murmurer :

Cumpainz Roland ! sunez vostre olifant !
ce sera pour exhorter Roland à sonner l'Assemblée des peuples.

Je laisserai même de côté l'Epopée (boueuse et sanglante) de l'ère napoléonienne. Mais ,surtout, je me garderai de parler de la guerre franco-allemande de 1870-71.

Et, avant de commencer, Morts et Blessés allemands de 1870-71, c'est vous que je salue de tout mon respect ! Ceux de chez nous ont leurs parents pour les pleurer ou les consoler, *en notre langue.*

Je pense que c'est mon devoir de faire servir cette même langue à fleurir vos tombes des fleurs très humbles mais très parfumées de l'Oubli des Haines.

J'étais tout petit, lors du siège de Paris... j'avais huit ans.

Pendant le bombardement, tandis que j'allais acheter de l'encre (l'encre ne nous a jamais manqué, même à cette époque tragique), quai de Béthune (île Saint-Louis) je fus presque jeté à terre (je ne pesais pas lourd) par le vent d'un obus qui alla s'engloutir dans la Seine. Eh! bien! je ne vous en veux pas, soldats d'Allemagne, car j'ai eu un joli succès en narrant mon aventure... j'en ai même recueilli de la gloire... auprès de ma vieille tante, si bonne et si effrayée, elle!

Quelqu'un qui a eu, si jeune, de la gloire, grâce à vous, ne peut vous porter que des sentiments amicaux.

Et puis, outre la gloire, il m'a semblé, à cette époque, vivre du Jules Verne. Or vivre du Jules Verne, c'est la joie des enfants. On sait que dès le mois de décembre, les vivres devinrent rares et coûteux... un oignon coûtait cent sous! Or, mon père était en relations d'affaires, voire d'amitié, avec la plupart des professeurs du Jardin des Plantes (où il y a toujours eu, surtout des animaux, des animaux exotiques). Grâce à ces messieurs, il fut servi, sur notre table, des plats bien peu ordinaires. Ce fut, pour le début, un hachis de lion et de tigre panachés. Je crus de mon devoir de m'en accorder une indigestion... Une indigestion de lion et de tigre! allez donc essayer de vous payer cela aujourd'hui! même à cinq louis la portion. Marguery, lui-même, ne tient pas l'article. J'ai mangé de l'éléphant, avec gravité; du tapir, avec réflexion; du singe, avec vivacité... mais, quand vint le tour de l'ornithorynque, ce fut du délire! J'en ai redemandé et déclaré que je ne mangerais plus jamais autre chose. (Heureusement pour ma bourse, je n'avais pas l'âge des résolutions irrévocables.)

Donc, cet âge même m'a permis de ne conserver de la Guerre que des impressions romanesques et quelque documentation.

Mon père était économe d'une ambulance établie, dans le quartier (93, rue Saint-Louis-en-l'Ile) et eut ainsi des *Prussiens* comme pensionnaires — bien misérablement hébergés... mais ce n'était pas tout à fait de sa faute. Or, je circulais, à peu près librement, dans toutes les salles, et, sans que je sache pourquoi, les *Prussiens* m'attiraient davantage, parce qu'eux autres, sans doute, devaient se sentir plus isolés. Certains d'entre eux me montraient les photographies de leur femme et, parfois, de leurs enfants... et j'étais ravi de faire, ainsi, connaissance avec des « collègues » d'Outre-Rhin. Je ne savais pas l'allemand, bien entendu, mais j'embrassais le portrait de mes « collègues » et j'ai vu, presque toujours, luire, dans les yeux des pauvres papas éplorés, quelque chose comme des larmes.

C'est sur ce terrain que j'ai fait connaissance intime avec l'Ennemi.

Mon père est mort, il n'y a pas très longtemps, mais comme je lui dois tout ce que je suis, tout ce que je pourrai être, que pas une de mes pensées n'a échappé à son honnête et claire analyse, comme il a été, plus que quiconque, mon éducateur et mon maître, je prie Dieu et les hommes de reporter sur lui tous les mérites qui se pourront trouver dans mon effort pour la Paix.

Et, maintenant, que j'ai, certainement, assez parlé de moi, j'aborde le sujet de ma thèse.

Il serait, à peu près, permis de supposer que, désormais, la Guerre, en Europe, a fait son temps. Les intérêts économiques et financiers des peuples sont trop connexes pour que, de toutes parts, on ne sente, très exactement, quelle catastrophe seraient, même pour les vainqueurs, des hostilités que rien, d'ailleurs, ne pourrait plus, je ne dirai pas: légitimer, mais expliquer.

Mais, il en est des guerres comme de tous les événements historiques: il s'en faut qu'elles soient, d'ores et déjà, entrées dans le régime de la logique. Il peut encore, — de milieux difficiles à déterminer et avec d'autres raisons d'être — surgir un nouveau Bonaparte dont l'œuvre essentielle serait, précisément, de reléguer au grenier des vieux accessoires, la plus élémentaire logique... pour ne donner libre cours qu'à la terrible *manie* de son ambition. L'idée de lutte violente n'est pas encore tellement abhorrée de tous, qu'un sinistre comédien ne puisse encore trouver assez de complicités... latentes aujourd'hui, mais effrénées à la curée, dès qu'éclaterait la première sonnerie d'un conflit. Et, d'ailleurs... ne l'entendons-nous pas, tous les jours, inlassablement, hurler, la meute de la presse qui s'intitule nationaliste... parce que, suivant elle, la vie d'un pays ne se peut trouver que dans le carnage — hurler à la mort, à la gloire (? ? ?) de tuer et d'être tué... au bénéfice de telle ou telle combinaison d'ambitions et de cupidités. Ah ! je sais bien que l'impudence n'est pas ce, qui leur manque et qu'ils s'intitulent les défenseurs de la Patrie. Mais ils oublient que le Public commence à s'apercevoir que leur patriotisme se détaille, se vend... un sou, la feuille... s'escompte à la caisse des grandes fabriques d'armes, joue à la baisse quand ils font prévoir des catastrophes, revendent, en hausse, quand la Norme se dégage, à nouveau, de leurs fuligineuses peintures.

Seulement, ils ont si bien, dans les nerfs et dans le sang, la notion des classiques procédés de perturbation, que peu leur importe le mépris du nombre pour leurs menées obscures. Pourvu qu'ils puissent, au moment qui leur semblera propice, ameuter quelque horde ivre et brutale qui, dans un coup d'épileptique outrecuidance, commette la grave infraction prévue par les sacro-saints protocoles, c'est tout ce qu'ils désirent. Tenir en émoi quelques pauvres cerveaux — alcooliques autant que possible — et de ces organes déshérités, dégénérés, faire jaillir l'Irréparable : c'est là tout leur programme. De leurs secrètes appétences, et de la misère intellectuelle et morale des masses ignorantes, peuvent encore, peuvent toujours, en dépit de l'opinion benoîte des Candide trop confiants, surgir les Honteuses Tempêtes !

Mais, c'est assez discouru. Passons aux faits.

PETIT MANUEL

GUERRE

I

Je viens de dire que selon des probabilités rationnelles, la Guerre, en Europe, paraît avoir fait son temps. Cela, en raison de la connexité des intérêts économiques et financiers.

(On peut, toutefois, sans hyperbolique travail d'imagination, supposer qu'il peut advenir que quelqu'un s'avise de briser cette connexité, passagèrement, sauf à la laisser, comme il est d'ordre, se rétablir, suivant l'inévitable Norme, par la suite des événements.)

Dès maintenant, on a le droit d'affirmer qu'aucun des motifs classiques, des motifs historiques des guerres anciennes ne pourrait plus, je ne dirai pas : légitimer, mais, simplement, expliquer l'ouverture d'hostilités quelconques dans notre partie du monde.

Mais, justement, en raison des mêmes intérêts économiques et financiers (je ne discute pas ceux-ci, pour l'instant), il est à prévoir que les guerres coloniales ne seront pas, aussi promptement qu'on pourrait le souhaiter, rayées des programmes de certains groupes dont on connaît les tendances envahissantes. Or, la guerre de Mandchourie et, auparavant, celles d'Egypte et du Tonkin nous ont été des enseignements précieux quant aux risques et à la moralité de la politique d'expansion. En effet, les peuples sans armes et sans armées n'existent, pour ainsi dire, plus, et même les anthropophages du centre de l'Afrique savent, à présent, à peu près bien manier les fusils que vont leur vendre de louches mercantis et, lorsque nous allons chez eux, acheter, *très bon marché*, leur poudre d'or et leur ivoire, il leur arrive de régler leurs comptes avec des balles. Et, si l'on ne perd pas de vue que, de leur part, la guerre se complique des usages comestibles que l'on connaît, il y a tout intérêt, pour eux et pour nous, à leur éviter, à l'avenir, les occasions de tueries et de sinistres banquets.

Un homme a su obtenir d'eux tout ce qu'ils pouvaient donner de bon et a passé, parmi eux, à la façon des fondateurs de sociétés : j'ai nommé Livingstone. Albion n'a pas de plus grand nom que celui-là et le Monde, le Monde tout entier, peut, à grand' peine, en répéter ,pieusement, trois ou quatre qui soient aussi purs, aussi noblement triomphants. En notre époque ,d'information rapide et multiple, son nom a presque été, déjà, voilé d'oubli. Mais, qu'on ne s'y trompe pas, Livingstone a été la plus grande figure du siècle, une figure presque légendaire et lui-même fut le *seul*, parmi les érudits et les ignorants, à ne pas avoir la notion *positive* de son rôle.

Il allait, à travers des chemins inconnus, avec la sérénité grave des Apôtres, conquérant, sans savoir si le Monde le saurait jamais, des millions d'âmes... tant il s'ignorait. Il était, sur cette terre, le Messager de Dieu et, envahi qu'il était de la Majesté des Livres-Saints, il ne vit jamais sa propre importance. C'est grâce à lui, à nul autre, que la Mystérieuse Afrique nous est, à présent, ouverte comme un grand marché, c'est grâce à lui, que, dans un jour prochain, le Continent Noir, vierge, presque encore, au point de vue commercial, versera, sur le monde civilisé, l'inépuisable, l'insoupçonnable richesse de ses produits et de ses trésors. Et c'est ainsi qu'il aura renouvelé le miracle des créateurs ! Plus tard, quand le Monde, enfin soustrait aux basses compétitions du lucre honteux et du luxe inutile, aura le loisir de méditer sur les causes de son bonheur, il frémira d'enthousiasme et docile, enfin, à l'intention de Dieu, il érigera en tous pays, et, surtout, dans les écoles, des statues à saint David Livingstone !

Mais les Livingstone sont rares et ce n'est pas eux qu'ON (le terrible et spécieux « On »), qu'on appelle à la direction des Affaires. Ils y auraient des sentimentalités si déconcertantes ! Et s'ils voulaient bien s'occuper de Politique et de Diplomatie, la Politique et la Diplomatie deviendraient choses si simples qu'il serait besoin, pour s'en occuper, beaucoup plus de Bonnes Volontés que de Compétences. Or, la déchéance des Compétences ! qui donc osera la prononcer ? Et, de fait, tant que les relations internationales seront considérées comme une sorte de jeu d'*échecs*, il faudra bien avoir recours à des gens ayant une sorte de connaissance des Règles (?!?) de ce jeu.

Mais à quoi bon m'étendre, en plus longues digressions, sur ce thème ? Voyons donc, sans plus tarder, ce qu'elles peuvent faire et ce qu'elles font, les Officielles Compétences, quand il s'agit de traiter certaines questions qui se pourraient régler le plus simplement du monde, mais dont elles s'entendent, pour ne pas faillir à leur mission, à faire d'Irréparables Cataclysmes.

(Est-il utile de dire que, lorsque je parle de ces Compétences, avec quelque ironie, ma pensée est précise, étroitement précise et ne s'étend pas au-delà des personnalités (responsables des Désastres) que la nature même des faits m'amènera à mettre en cause.)

Les généralités, les considérations théoriques étant, en l'espèce, superflues, je vais m'attacher à trouver des démonstrations de l'aberration bellicante (au point de vue pratique aussi bien que moral) dans quelques grands faits, très connus et je commencerai par celui qui nous a le plus ému : la guerre russo-japonaise.

La Guerre russo-japonaise

II

Avant d'écrire la première ligne de la brève notice que je vais consacrer au lamentable souvenir des dernières grandes hostilités, je crois bon de prévenir que, tout en insistant sur l'horreur de ces drames effroyables, je placerai, à la fin, seulement, une statistique aussi exacte que je l'ai pu faire, des pertes humaines et matérielles que ces navrantes tragédies ont causées. Elles auront ainsi une éloquence plus sinistre, plus saisissante et plus grave.

« Le sang a coulé en rivières, les cadavres se sont entassés en collines, au point qu'ils ont été employés comme retranchements, devant Moukden. »

Ces quelques paroles de Villetard de Laguérie, l'un des correspondants de guerre *(Petit Journal)* qui ont su le mieux voir la lugubre épopée, ont le rare mérite d'en condenser la Douleur en termes terriblement adéquats.

La nature même du sol, l'absence de moyens de transport faisaient, *à priori*, de ce champ de bataille de 1,200,000 kilomètres carrés, une sorte de redoutable Dité. Car pour évoluer dans cette région immense et presque désertique, une route, une unique route, seulement : la voie mandarine de Corée à Pékin. Et encore, convient-il de dire que ce n'est pas une route, mais une simple bande de terrain débroussaillé « ne valant pas, à beaucoup près, un de nos chemins communaux ».

Si les Japonais pouvaient, en quatre jours de navigation, débarquer leurs troupes à Takoushan ou à Dalny, les Russes « avaient 9,500 kilomètres à couvrir et soixante jours de trajet à supporter pour amener une force équivalente de Moscou à Liao-Yang. »

Je me réserve de chercher à établir, plus tard et approximativement, le nombre des victimes qui succombèrent dans cette route vers la Mort.

Ce qui frappa le plus Villetard de Laguérie, en débarquant à Yokohama, le 17 mars, ce furent *« les excitations et les encouragements prodigués aux Japonais par l'opinion publique et la presse des Etats-Unis. »*

J'ai souligné, moi-même, ce passage parce qu'il m'a paru capital de mettre en relief, chaque fois que l'occasion s'en trouvera, le rôle singulier des Etats-Unis, de ces Etats-Unis qui, en ce qui les concerne, se déclarent résolus à défendre, avec toute leur énergie, c'est-à-dire avec tous leurs moyens d'action militaire et navale, le principe de Monroe, le principe de la non-intervention, à leur égard.

« Quand il faudra faire la guerre, disait un avocat new-yorkais à de Laguérie, l'Europe s'apercevra, avec étonnement, que les Etats-Unis ont vingt-cinq millions de jeunes gens, âgés de dix-huit à trente ans , qui se lèveraient au signal de Théodore Roosevelt. Nous enfoncerons la porte à coups de canon si on ne nous l'ouvre pas. »

Quelle porte ce gentleman veut-il défoncer, pourquoi la veut-il défoncer ?... ne la trouve-t-il pas assez ouverte aux blés, aux charbons, aux maïs, à la métallurgie américaine ? Mystère ! Peut-être ce Démosthènes en frac a-t-il, pour se prouver qu'il pouvait être aussi bien accusateur public qu'avocat, prononcé son réquisitoire contre Inconnu ?! Plaise au Ciel qu'il trouve beaucoup de causes lucratives à défendre, qu'il n'ait pas de loisirs, malgré lui, pour que la pauvre vieille Europe (qui, d'ailleurs, n'aurait plus un seul Homère pour chanter ses exploits) puisse encore, en sécurité, consommer des blés, des maïs, des aciers et même des journaux américains.

Scandinaves, Germains et Gaulois, nous avons fait laborieusement, péniblement notre Histoire et, sans nous en douter, notre Histoire a eu pour résultat final ce farouche avocat qui, un de ces matins, s'en va, à nos dépens, renouveler les guerres puniques et les Croisades.

C'est triste d'avoir autant et si longtemps travaillé pour aboutir là.

(Je n'ai pas parlé des races purement latines parce que notre héros les ignore.)

Mais tandis que j'en suis encore au rôle incitateur des Etats-Unis (ou tout au moins d'une partie de la Presse des Etats-Unis, car je connais beaucoup, beaucoup d'Américains de jugement très droit et de moralité très haute), tandis que j'en suis encore à ces regrettables cris de guerre quelque peu égoïstes, je ne peux m'empêcher de citer un passage du « *Pacific Commercial Advertiser :*

« Une des grandioses possibilités de l'avenir est une alliance dans laquelle la Grande-Bretagne, les Etats-Unis et le Japon, se tenant à l'avant-garde stratégique du monde, diraient à toutes les nations : « La paix doit régner » et auraient derrière eux la puissance nécessaire pour donner force coërcitive à ce décret : « Les événements prennent cette direction. Pourraient-ils aboutir à un résultat qui détruise tout leur mouvement. »

Rendons justice à l'excellence de l'idée foncière de cet alinéa. Mais pourquoi ce ton comminatoire et déclamatoire? Est-ce bien celui qu'eût employé le fondateur de la République étoilée, Washington, qu'il conviendrait cependant de ne pas oublier totalement, même en Amérique.

Mais je crois avoir, tout au moins pour l'instant, assez insisté sur le rôle peu apaisant des Etats-Unis et, comme je suis le premier à reconnaître la véritable grandeur de ce pays qui ne pêche que par une sorte de juvénile arrogance et que, nous autres, vieux Européens, nous savons ce qu'il faut penser d'une certaine presse dont nous avons encore, hélas! de trop nombreux échantillons, j'envoie à nos amis d'outre-Atlantique, le plus cordial salut!

Très succinctement, je me permettrai de rappeler les grandes lignes des communications diplomatiques russo-japonaises.

L'arrangement russo-japonais du 27 mars 1898 consacre Port-Arthur comme port de guerre, exclusivement réservé aux navires de guerre russes et chinois.

Taï-Lien-Ouan est déclaré port de guerre, mais ouvert au commerce de toutes les nations.

Le lendemain de la signature de ce document, le 28 mars 1898, les Russes occupent Port-Arthur.

Un accord russo-chinois de 1901, un peu avant la mort de Li-Hung-Chang, consacre la rétrocession de la Mandchourie à la Chine, mais sous la garantie, par celle-ci, de la protection du chemin de fer et des sujets russes.

Les troupes russes devront être retirées, si d'autres puissances n'interviennent pas indûment.

La Chine s'engage, à l'égard de la Russie, au remboursement des réparations du chemin de fer de « Changhaï-Kouan, Niouchang, Sin-Ming-Ting » et des frais faits pour son maintien.

Dans cet accord, il n'est pas du tout question du Japon qui est donc considéré comme quantité négligeable.

Mais, en dehors de cette faute grave de lèse-diplomatie, la Russie en commit une autre, ce fut de nommer l'amiral Alexeïeff vice-roi de tous les territoires russes compris entre le Baïkal et l'Océan Pacifique.

Ici, je ne peux mieux faire que laisser la parole, intégralement, à de Laguérie:

« La politique de ce vice-empereur fut désastreuse. Inspirée par le plus pernicieux sentiment: le mépris de l'adversaire; paralysée par une corruption telle qu'elle était honnie dans ces pays où le pot-de-vin ne scandalise personne, elle résolut le difficile problème de justifier toutes les inquiétudes, sans avoir pris réellement les dispositions qui leur auraient donné un solide fondement et s'être assuré, à temps, la force imposante dont l'action passive est, à elle seule, un porte-respect suffisant. Elle agitait à grand bruit des épouvantails de flottes, d'armée et d'armements de forteresse et ne tenait aucun compte des rapports d'agents au Japon qui auraient troublé sa sérénité. »

Le 28 juillet 1904, sur l'invitation du baron Komura, le baron Kurino et le comte Lamsdorf rédigent une note, pour dissiper tout malentendu possible, à l'avenir.

En principe, est posée la reconnaissance de la prépondérance des intérêts japonais en Corée et des intérêts russes en Mandchourie.

Ce document, très conciliant, permet aux contractants de se servir des troupes, pour réprimer le brigandage.

Mais les négociations furent laborieuses, la Russie ayant demandé que les Japonais reconnussent la Mandchourie et son littoral comme étant en dehors de leur influence.

Le 5 octobre suivant ,le baron de Rosen, revenu de Port-Arthur le 3, remit au baron Komura des contre-propositions qui modifiaient celles ci-dessus et consacraient :

1° (V) Le mutuel engagement de n'employer aucune partie du territoire de Corée pour des usages stratégiques et de n'entreprendre, sur les côtes de Corée aucuns travaux militaires capables de menacer la liberté de la navigation dans les détroits de Corée.

.2° (VI) Mutuel engagement de considérer la partie du territoire de la Corée étendue au Nord du 30° parallèle, comme une zone neutre dans laquelle ni l'une ni l'autre des Parties contractantes n'introduira de troupes.

3° (VII) Reconnaissance par le Japon que la Mandchourie et son littoral sont, sous tous les rapports, en dehors de la sphère de ses intérêts. »

Le Japon riposta, en rétablissant son texte primitif et en y ajoutant les modifications suivantes :

1° En ce qui concerne la zone neutre, destinée à former tampon entre les deux Etats :

VI. Mutuel engagement d'établir une zone neutre sur la frontière coréo-mandchourienne, étendue sur ... *(un blanc)* kilomètres, *de chaque côté*, dans laquelle zone neutre ni l'une ni l'autre des Parties contractantes ne devra introduire des troupes, sans le consentement de l'autre Partie.

2° L'article VII russe était remplacé par :

VII. Engagement de la part de la Russie de respecter la souveraineté et l'intégrité de la Chine en Mandchourie et de ne pas contrecarrer la liberté du commerce japonais en Mandchourie.

VIII. Reconnaissance par le Japon des intérêts spéciaux de la Russie en Mandchourie et du droit de la Russie de prendre telles mesures qui pourraient être nécessaires, afin de protéger ses intérêts, dans la mesure où ses intérêts n'excéderaient pas les stipulations de l'article précédent.

IX. Mutuel engagement de ne pas empêcher la jonction du chemin de fer coréen avec celui de l'Est chinois, quand ces chemins de fer auront été éventuellement prolongés jusqu'au Yalou.

« Les négociations continuèrent, d'amendements en contre-propositions et de contre-propositions en amendements, le Japon réclamant toujours « la porte ouverte » en Mandchourie, et ne consentant à considérer la question mandchourienne comme exclusivement chinoise, que si la Russie, tout en donnant les mains à l'établissement d'une zone neutre épaisse de cinquante kilomètres, de chaque côté de la frontière coréo-mandchourienne, reconnaissait que la Corée est en dehors de la sphère de ses intérêts.

Enfin las des lenteurs et des procédés dilatoires de la Russie, le gouvernement japonais rompit les négociations, rappela M. Kurino, de Saint-Pétersbourg, remit ses passeports au baron de Rosen, et sûr de l'appui que lui vaudraient, aux Etats-Unis et en Angleterre, l'ostentation de ses efforts pour obtenir « l'ouverture » d'un pays qui n'aurait jamais été fermé et la garantie de la souveraineté et de l'intégrité de la Chine, sûr aussi qu'il pourrait, grâce aux démonstrations d'Alexeïeff, faire croire qu'il était menacé « dans son existence nationale », envoya la flotte des amiraux Togo et Ouriou commettre les deux guets-apens de Port-Arthur et de Chemulpo, dans la nuit du 5 au 6 février avant l'heure où il donnait aux représentants des puissances l'assurance qu'aucun acte d'hostilité ne serait fait avant une déclaration de guerre. » (Villetard de Laguérie.)

Dans une longue lettre (qu'il n'est pas indispensable de reproduire) parue le 14 avril 1904, dans le *Japan Daily Mail*, le marquis Ito déplore que les négociations n'aient pas été couronnées du succès si ardemment désiré, mais il déclare :

« C'est pourquoi notre entreprise présente n'a été qu'un acte froidement prémédité pour la cause de la raison d'Etat. »

La cause de la raison d'Etat !? Nous la connaissons, marquis ! cette cause de cette raison — encore que nous n'en ayons jamais, JAMAIS eu de défi-nition... concluante... ou plutôt nous n'en avons jamais eu de définition autrement que *trop concluante*.

Ah ! marquis ! que vous fûtes donc Régence ! Et comme Votre Diplomatie sut donc bien manier la phraséologie délicatement, mais, surtout, formidable-ment creuse dont usaient déjà les Diplomaties sub-tiles, trop subtiles, du trop subtil XVIIIe siècle... européen ! Ah ! la jolie, l'élégante algèbre dont l'In-connue est la Mort du plus grand nombre ! Mais qu'importe donc, n'est-ce pas, ce résultat de l'équa-tion, si l'équation est bien faite ? Qu'importent les vagues termes des énormes polynômes mis en pré-sence... puisque vous les avez réduits, marquis !... au moins d'unités possible... Ah ! que *certaine* Diplo-matie est donc bien adéquate au bonheur du Monde... ou tout au moins d'un certain monde ! Vous man-quiez, marquis ! à la gloire de l'Extrême-Orient, jus-qu'au jour où vous avez (avec peu de nouveauté, en somme, mais si *à propos*) remis en vigueur le dogme (?!?) de la Cause de la Raison d'Etat !

Mais... qui sait ? qui connaît le fond de votre âme ? Sans doute, vous avez cru bien faire ! Votre pays venait à peine de sortir des limbes de sa vie propre — si originale et si poétique — il avait devant lui l'Europe, aigre et désagréable maritorne qui l'exploi-tait et le *blaguait* un peu... et qui, surtout, lui affir-mait qu'il y a Gloire dans certains massacres. C'est nous, c'est notre tradition mauvaise qui, sans que nous daignions le savoir, s'est cristallisée, revivifiée en vous. C'est nous, c'est notre Histoire, dont nous avons tant fait parade, qui a surexité, en vous, les pensées néfastes. Vous vouliez, pour la gloire de votre cher Japon, faire revivre les Epopées qui ont ensanglanté notre sol. Mais, du moins, dans votre beau Japon, et dans votre âme, à vous, marquis! fleurit l'une des plus sereines morales dont puisse s'enorgueillir le Monde. A aucun prix, je ne voudrais, ici, esquisser une thèse comparative du christianisme et du boudhisme... mais nous savons... sans grand effort de science... que votre Morale est très haute, très pure et surtout très douce.

Allez! marquis! ne nous enviez pas nos gloires militaires. Faites-nous la grâce de ne pas trop âprement nous accabler du souvenir de nos douleurs, et, puisque vous êtes, vous-même, comblé des faveurs de la Renommée, soyez tout à fait grand homme, surhomme, et devenez, dans le pays où le soleil est déjà crépusculaire quand il paraît chez nous, l'Apôtre des pacifications définitives. Et vous aurez été, sous les regards de Dieu, l'un des bons ouvriers des Félicités espérées depuis si longtemps!

III

J'aborde, en suivant mon excellent guide (dont je ne veux plus faire l'éloge); les horreurs mêmes du drame.

Il arrive, le 16 mars, au coucher du soleil en vue du phare de Nippon Saki, par le *China*. Un remorqueur aborde le paquebot et le pilote « avec force zig-zags entre des dortoirs de torpilles ».

Cette expression vigoureuse jette une lumière sinistre sur les charmes du voyage. Un coup de barre malheureux, un simple virage brusque produit par la rupture ou l'engorgement d'un maillon de la chaîne du gouvernail, peuvent déterminer l'explosion de l'un des dangereux engins et amener la mort ou plutôt l'engloutissement des restes calcinés des passagers.

Il n'y a rien à objecter à cela : c'est le droit des belligérants d'infliger, à la rigueur, un désastre, une catastrophe aux non-belligérants. Ceux-ci n'ont qu'à se tenir à l'écart.

Le 22 mars, les journalistes reçoivent l'autorisation de gagner Port-Arthur, s'embarquent aussitôt et débarquent le jour même, dans la matinée.

La ville n'est plus qu'un cimetière, un cimetière dantesque, avec, en guise de monuments, des amoncellements de ruines horribles.

Au bout de trois jours, retour au Japon, à Hirochima.

D'où le loisir d'étudier plus profondément les conditions générales de la guerre. Les représentants de la Presse apprennent ainsi que la Diète Japonaise a voté, pour la guerre, un crédit extraordinaire de 576 millions de yen, soit 1,430 millions de francs.

Or, d'après l'évaluation même de la Diète, les dépenses de la guerre devaient « atteindre, au plus bas mot, sans tenir aucun compte des imprévus, 1,444 millions 500,000 francs, c'est-à-dire excéder de quatorze millions et demi, les crédits assurés ». (De Laguérie.)

D'ailleurs, le marquis Ito, lui-même, devant une réunion de Banquiers convoqués à la résidence du premier ministre Katsoura, déclarait, à la fin d'un discours qui avait duré deux heures, que, très probablement, il serait encore fait appel à leur caisse.

Enfin, n'oublions pas que si, en 1902, la récolte du riz avait été mauvaise, en 1903, tout au contraire l'abondance avait été telle que le surplus venait compenser tous les déficits précédents.

D'où cette conséquence paradoxale que le fait même

qui aurait dû n'être que prospérité pour le pays, devenait le moyen de le précipiter au carnage.

Les débuts de la guerre furent, d'ailleurs, réconfortants pour les Japonais, réconfortants autant qu'on peut arriver à le faire croire à des gens autour desquels plane la Misère et rôde la Mort.

« La flotte, composée de 8 cuirassés, 15 croiseurs protégés, 16 destroyers, 78 torpilleurs, 4 avisos, 1 croiseur porte-torpilles, 12 canonnières et 5 gardecôtes, partit de Sasebo à minuit juste entre le 5 et 6 février. »

Et, tout de suite, le massacre commence... dans la nuit du 8 au 9, le *Cesarewitch*, la *Retvisan* et le *Pallada* sont grièvement atteints par les torpilles.

Le 8 février, après-midi, l'amiral Ouriou avait réussi à contraindre à sortir du port neutre de Chemulpo, le croiseur protégé *Varyag* et la canonnière *Koreetz* dont les chefs savaient si peu ce qui se passait que, le 5 février, ils avaient laissé, *sans protestation*, débarquer tout un corps de Japonais. Le *Varyag*, criblé de coups, fut explosé par son équipage. Le *Koreetz* et le transport *Soungari* eurent le même sort.

« Les survivants de ce désastre furent recueillis à bord du croiseur français *Pascal*, du croiseur anglais *Talbot*, du croiseur italien *Elba*. L'attitude du capitaine américain du croiseur *Viksburg* empêcha les représentants des autres puissances neutres de faire respecter par les Japonais les lois de la neutralité, dans les eaux coréennes, et le droit des gens en matière de déclaration de guerre. »

Je regrette que de Laguérie n'ait pas su, ou n'ait pas cru devoir indiquer le nom de ce capitaine américain qui pratiquait de façon si pertinente le dogme de la neutralité.

Tandis que de nouvelles attaques étaient tentées, sans succès, par les Japonais contre Port-Arthur, la portion disponible de ceux-ci « saisissait » la Corée et le 23 février 1904, faisait signer, à celle-ci, un traité qui constituait un Protectorat très peu déguisé.

Mais cet acte servit à s'assurer une base d'opérations en Corée même.

Un peu plus tard, le 14 avril, au cours d'une sortie et à la fin d'un engagement avec la flotte de Togo, le cuirassé *Petropawlosk* heurta une ou plusieurs torpilles, sauta et sombra avec l'amiral Makaroff et presque tout l'équipage.

Après des escarmouches sans grande importance stratégique, mais cependant notables quant au nombre des victimes, le 1er mai (ironie des dates !), eut lieu le passage du Yalou.

On croit savoir que les Japonais y perdirent 1,000 hommes ; quant aux vaincus, aux Russes, leurs pertes sont évaluées à 3,500.

« Tout aussitôt l'amiral Togo fit procéder à une nouvelle tentative de murer la flotte russe dans Port-Arthur. »

Dans la nuit du 2 au 3 mai, la flotte japonaise arriva vers l'entrée du goulet de Port-Arthur ,dans le rayonnement des projecteurs russes.

En essayant de pénétrer dans la rade, le *Sakoura* et le *Totomi* coulèrent.

L'*Otaru* et le *Sagami* furent aussi coulés dans le chenal.

L'*Aïkoku*, heurtant une mine, coule à son tour.

Le *Asagao*, après une avarie de gouvernail, alla s'échouer au pied de Houang-Kin, où il fut explosé.

« IL A ÉTÉ IMPOSSIBLE DE SAUVER UN HOMME du *Sakoura*, du *Otaru*, du *Sagami* et du *Asagao*.

« Le *Totomi* perdit 12 hommes sur 18 ; le *Sakoura*, 20 sur 20 ; l'*Aïkoku*, 13 sur 24 ; le *Edo*, 7 sur 18 ; le *Otaru*, 17 sur 17 ; l'*Asagao*, 18 sur 18 ; le *Sagami*,

24 sur 24 ; l'*Aotaka* out 1 tué ot lo *Hayabusa* 1 tué. Total : 113 tués.

En résumé, dans les journées des 24 février, 27 mars et 3 mai : 15 navires coulés. Comme la plupart d'entre eux étaient d'anciens navires marchands transformés, de 2,000 tonnes, en moyenne, on ne me taxera pas d'exagération, si j'estime leur valeur à 20 millions de francs.

Ces 20 millions de francs employés autrement eussent pu, tout en fournissant, à tout autant d'ouvriers, le même salaire — pour une autre besogne - servir à soulager quelques misères. Mais l'esprit de Guerre et la solidarité humaine sont deux incommensurables.

Enfin, on est *sûr* de la mort de 75 matelots et de 15 officiers. Il est vrai de dire que le gouvernement japonais a promu ces défunts d'un grade... et gratifié leurs familles d'une pension variant de 750 à 1,250 francs.

En outre, il appert que les dépenses faites par les Japonais, pour ne pas bloquer Port-Arthur ,se sont élevées à 6,219,000 francs.

Cette dernière somme, ajoutée à l'appréciation si modérée que j'ai faite déjà, nous donne un *trou* de 26,219,000 francs.

IV

Je poursuis mon lugubre rapport sans m'attarder en considérations stratégiques qui ne sont ni de mon goût, ni de ma compétence.

« Le 28 mai, les Russes, n'ayant pu s'opposer au débarquement des Japonais, se replièrent sur Port-Arthur, en détruisant, en partie, Dalny et les ponts du chemin de fer.

« L'opération coûta aux Japonais 5,000 tués et blessés. Mais ils ne tiennent pas compte de l'effusion du sang. Immédiatement leurs opérations entrèrent dans une nouvelle phase. »

Mais les Japonais ont, devant eux, une vaste étendue de terrain libre et en profitent pour se livrer à toute une série de vastes opérations stratégiques. L'ennemi n'est plus là, à leur portée et ils ne sont pas non plus à la sienne. Mais, il est à présumer que le labeur opiniâtre des marches ne fut pas sans faire quelques victimes.

Et je prends occasion de ce doute inquiétant, pour avertir que je m'efforcerai, à la fin de ce travail, de dresser une liste aussi complète, aussi exacte que possible des pertes humaines et des pertes matérielles qui sont résultées des grands conflits que nous avons eus à déplorer.

Suivons les faits :

Tout d'abord vient ce que l'on a appelé le « Raid des Croiseurs de Vladivostock.

Opération audacieuse !

« Les croiseurs russes *Gromoboï*, *Rossia* et *Rurik*, stationnés à Vladivostock et coupés de Port-Arthur par l'escadre de l'amiral Kamimoura stationnée dans l'île de Tsouchima, vinrent sous les ordres de l'amiral Bézobrazoff, faire une course le long des côtes du Japon.

« Déjà, le 11 février, ils avaient coulé sur les côtes du Yeso, le transport *Nakorouna-marou*, et le 20 avril, le *Kinchou-marou*, dans la baie de Gensan.

« Le 15 juin, ils reparurent inopinément devant le détroit de Chimonosaki, au moment où débouchait un convoi composé de trois grands transports, le *Idzoumi*, le *Sado* et le *Hitachi* (6,400 tonnes) chargés du matériel de chemin de fer et de siège de l'armée de Nogi et de régiments de réservistes.

« Le *Idzoumi* et le *Hitachi* furent coulés. Le *Sado*

fut sabordé à coups de canon, mais réussit à aller s'échouer en eau peu profonde, où il put être renfloué.

« Un régiment entier de réservistes avait disparu avec le *Hitachi*.

« Pendant ce temps l'escadre de Bézobrazoff faisait 200,000 francs de prises et passait à l'état de cauchemar pour cette population nipponne, beaucoup plus émotive et attachée à la vie qu'on ne l'admet généralement. »

Mais l'activité des Russes fut toute passagère. L'escadre rentra se mettre, à Port-Arthur, sous la protection des forts, et, du côté japonais ,le maréchal Oyama partit pour Dalny (6 juillet).

V

Je ne peux suivre les correspondants de journaux, dans le détail de leurs pérégrinations, à coup sûr, intéressantes, mais qui, cependant ,ne jettent encore, aucune lumière sur le grand drame qui va se perpétrer.

A peine noterai-je la joie peu désintéressée avec laquelle les Chinois accueillirent les Japonais dans les poches desquels tintinnabulaient des dollars.

Les Chinois : — je les ai vus de très près et beaucoup fréquentés — sont, pour la plupart, des êtres très doux et très pacifiques — mais la piastre, la féerique et prestigieuse « *dinh-bac* » paraît être l'article fondamental de leur foi ,fortement teintée de scepticisme en dehors des espèces monnayées et des denrées monnayables.

Le 25 juillet, les Japonais remportent la victoire de Tachikiao, « prélude évident de la fonction de la seconde armée avec la quatrième, de l'occupation

de Haïchong et de la marche de ces deux forces com·
binées contre Liao-Yang, objectif également de la
première armée conduite par Kouroki. ·

« Il n'était donc pas chimérique de prévoir une
bataille qui mettrait aux prises 850,000 hommes et
400 canons, à coup sûr, la première expérience des
guerres entre les « nations armées » et le plus ter·
rible corps-à-corps qui eût eu lieu, depuis la ba·
taille de Leipsig. »

Mais, avant cette catastrophe, eut lieu le combat
d'Ashantien. Les pertes de part et d'autre furent
certaines, mais le chiffre exact en est problématique.
Les correspondants de journaux furent écartés du
champ de bataille et je n'ai pu me procurer, à
ce sujet, aucun document officiel russe ou japonais.

Le 29 août a lieu un premier engagement dont
un rapport officiel japonais à la fin duquel je lis :
« Notre aile droite soutint ainsi, tout le jour, un
duel d'artillerie avec les Russes postés à l'Est de
Taielton. »

Pour la journée suivante, 30 août, un rapport de
Nodzu la donne comme indécise.

Le lendemain, 31 août, les Japonais enlèvent Kou·
menko, mais ici, encore, aucun document ne vient
éclairer le point capital : les pertes humaines.

Même discrétion, même silence, à ce point de vue
particulier jusqu'à la fin de la bataille, 3 septembre.

Les batailles du Chaho se livrent les 10, 11, 12,
13, 14, 15 et 16 octobre.

Si les rapports officiels ne disent rien quant aux
pertes en hommes ,les correspondants de journaux
apprirent, un peu plus tard, que les Japonais avaient
eu 22,900 tués et blessés et les Russes 45,000 (toutes
rectifications de chiffres étant faites).

Mais le 22 octobre, Villétard de Laguérie rece·
vait du *Petit Journal* l'ordre de revenir et je suis

obligé désormais d'avoir recours à l'un de ses confrères : Ludovic Naudeau (du *Journal*).

VI

Mais avant d'aller plus loin, je crois bon de faire,
encore une fois, observer que je ne cherche pas,
du tout, à faire l'histoire de la guerre de Mandchourie. Dans l'état actuel de l'Information, elle est, d'ailleurs, je le crois bien, encore dans les Limbes. Les
documents, en ce qui la concerne, ne sont pas encore
colligés, et ce ne sera guère qu'avec le recul du
Temps, qui est la meilleure méthode éliminatoire,
qu'un Historien, digne de ce nom, pourra, enfin,
écrire une relation coordonnée des tristes événements
d'Extrême-Orient.

Le 13 septembre 1904, l'armée russe est en pleine
retraite.

Un mois plus tard, le 14 octobre, le général baron
Stakelberg dit à quelques-uns de ses officiers : « Je
crois que nous ne reverrons jamais plus Moukden.
Notre ligne de retraite va être ,je le crains Fouchoun
et Tieling. »

Le 16 octobre, les Japonais se ruent, une dernière
fois, sur le centre russe. Bataille effroyable ! Naudeau voit « des *milliers* de blessés qui s'éloignent
du feu et se traînent ,s'éparpillent, dans les champs,
comme des spectres sanglants ».

Quant aux morts ! à l'aurore du 18 (octobre), ils
sont si nombreux que les Russes sont obligés de
les déplacer pour creuser leurs retranchements.

Et déjà, à cette époque, Naudeau note des tem-
pératures de 15 degrés centigrades au-dessous de
zéro. L'inclémence atmosphérique va additionner ses
cruautés aux horreurs de la guerre.

En outre, Moukden est devenu le rendez-vous des prostituées avides qui, sinistres vampires, font leur proie de ceux que guette la mort. Et, pour tout réconfort, les pauvres grands enfants que sont les soldats russes ont ces harpies et les *artistes* (?) des cafés-concerts.

Après la défaite de Mischenko, celle de Gripenberg à Sandepou (22-29 janvier 1905). Pendant cette bataille qui dure une semaine, les Japonais avouent 20,000 hommes perdus (morts et blessés).

A part ce lamentable résultat, il n'est peut-être pas inutile de noter que, devant ces effroyables hécatombes, Gripenberg était surtout préoccupé, harcelé par... son désir de remplacer Kouropatkine, au commandement en chef.

Ce simple fait, cette brève notation psychologique, donne la mesure de ce que peut engendrer de malsaine envie, l'orgueil militaire !

L'orgueil militaire, qu'est-il donc devenu, pendant cette terrible bataille de Moukden ? Dans cet effroyable chaos de fer, de poudre, de morts, fut-il un homme pour penser *immédiatement* à autre chose qu'au salut, pour lui-même, s'il était dans le rang ; pour ses subordonnés et lui, s'il avait une part du commandement.

La bataille de Moukden ! ce fut la plus épouvantable des temps modernes.

« Pendant vingt jours, dit Naudeau, sur un front de 150 kilomètres environ, 700,000 hommes se heurtèrent et 3,000 canons tonnèrent. Qu'est-ce qu'un attaché militaire ; qu'est-ce qu'un journaliste perdu dans une aussi effroyable tourmente ? Que peut-il savoir ? Il peut savoir qu'il ne sait rien. Les soldats qui se battent, devant lui, ne savent rien ; les colonels qui dirigent ces soldats ne savent rien ; les commandants de corps savent peu de chose et les chefs d'armée, bien qu'ils aient plus de 100,000 hommes sous leurs ordres, ne connaissent que ce qui se passe sur un tiers du champ de bataille. Quant au généralissime, il est inapprochable, introuvable, invisible : absorbé par l'effort intellectuel qu'il lui faut faire pour essayer d'embrasser tout le champ de bataille ; il songe, avec inquiétude, que ce qu'il sait est bien peu de chose, en comparaison de ce qu'il lui faudrait savoir.

« CE FUT PLUSIEURS IÉNA, PLUSIEURS AUS-TERLITZ, PLUSIEURS WATERLOO ENCHEVÊ-TRÉS ET ININTERROMPUS !

« JE VOUS LE DIS, EN VÉRITÉ, TOUT ESSAI DE RECONSTITUTION DE LA BATAILLE DE MOUKDEN RESTERA LONGTEMPS IMPOSSI-BLE. »

Et, de fait, comment démêler ce qui s'est exactement passé, étant donné les effectifs en présence ?

Le capitaine Olginskii, attaché à l'état-major des armées de Mandchourie, se l'est demandé. Et il n'a pu établir que très approximativement le nombre des assaillants.

« Quel est, écrit-il, l'effectif réel des troupes japonaises qui ont pris part à la bataille de Moukden ? Il a été évalué par différents organes de la presse européenne à 350, 500, 525, et 600 mille hommes. »

En dernière analyse, et après avoir, mûrement, examiné tous les éléments d'appréciation, Naudeau pense qu'on doit se borner à 325,000 hommes : comme chiffre des effectifs japonais.

Le 24 février, l'armée de Kawamoura marche de Chinghocheng au fameux défilé de Taling qu'on pouvait, cependant, considérer comme inabordable.

Mais une petite colonne japonaise, composée de véritables gymnastes de l'escalade, parvint à tourner le défilé et déboucha à son extrémité Nord, derrière les Russes qui surveillaient le Sud. Et ceux-ci n'eurent que le temps de se replier.

Kouropatkine se laissa aller à une fureur véhémente et destitua Alexeïoff qui commandait l'armée de Taling.

Désormais, il n'avait plus, ne pouvait plus avoir qu'un objectif, empêcher l'élite militaire du Japon : l'armée de Port-Arthur, de s'enfoncer, comme un coin, jusqu'à la rivière Houn.

Kouropatkine envoya l'audacieux Rennenkampf, habitué (en Corée) à la guerre de montagne, à son extrême gauche, avec 32 bataillons, 7 batteries et 12 escadrons.

Le mouvement opéré par les « gymnastes » japonais n'avait été qu'une feinte.

Cette feinte eut le résultat attendu : les Russes venaient de se dégarnir et de s'éparpiller.

Mais, cela était, d'ailleurs, presque accessoire : Kuroki venait d'entrer en scène, suivi de 3 divisions et de 1 brigade.

Ce n'est que les 9 et 10 mars qu'apparaîtra Kawamoura, au nord de Moukden, pour enfermer les Russes.

Les dispositions défensives de ceux-ci avaient été bien prises. Mais les espions japonais (officiers, pour la plupart, et qui, pour la plupart, aussi, payèrent, de leur vie, leur audacieux reportage) étaient parvenus à en connaître les caractéristiques.

En outre, la démoralisation faisait son œuvre, dans l'armée russe : « Un découragement profond, dit Naudeau, les accablait quelquefois ; tout, dans ce pays infâme, leur était donc hostile... Et leur imagination s'assombrissait : ils voyaient, à côté de périls réels, des fantasmagories. Guerre détestée plutôt que redoutée ; guerre maudite par les guerriers. »

Ah ! Naudeau ! que grâces vous soient rendues pour cette expression si lourde de lointains présages de Paix, de Paix inébranlable : « Guerre maudite par les guerriers ! »

En prenant toutes ses précautions d'espionnage, « ce que le grand état-major japonais préparait ce n'était pas la prise de Moukden, c'était la prise de l'armée russe : un nouveau Sedan. »

Mais, dès le 16 février, le bombardement de Moukden et le contre-bombardement des positions japonaises avaient commencé. De la mort emplit l'espace. Bombardement comme il n'y en eut jamais. La colline Poutiloff ne fut pas seulement battue par les obus : **ELLE CHANGEA DE FORME.**

Les 27, 28 février et 1er mars, les Japonais se précipitent sur la forteresse de Bania-pou-tse, imprenable.

Le 2 mars, « au prix d'effroyables sacrifices », ils enlèvent quelques fortins russes, près du défilé de Gaotouling, mais ils se heurtent à de nouveaux retranchements russes tout aussi redoutables que les premiers... » « des régiments japonais entiers s'engloutissent et fondent dans cette fournaise ».

Et les assaillants, eux-mêmes, appelèrent le défilé de Gaotouling : Vallée de la Mort.

L'assaut, l'interminable assaut continue, de part et d'autre, au milieu de prodiges de courage. — (Ah ! énergie humaine ! quel abus on fait de toi !) Le 4 mars, Kuroki télégraphie à Oyama ces mots :

« Kawamoura et Nodzu n'ayant point encore pris les ouvrages qui sont devant eux, c'est peut-être sacrifier inutilement mes hommes que de continuer à attaquer là où je suis. »

Mais Oyama répondit :

« — Attaquez, à tout prix, sans trêve. »

Mais déjà, alors, la bataille n'est plus sur le front russe, c'est « dans la plaine, entre le Liao et le Houn, sur la route de Hsin-Min-Foun que se livre la bataille, là que Moukden va succomber. »

Moukden ! autour de laquelle combattent, au moins, 500,000 hommes !

Cependant, ce fut aussi les 1er et 2 mars, que « s'accomplit l'acte péremptoire de la bataille ».

« Nogui, jusqu'alors immobile, dans la plaine de l'Ouest, entre le Liao et le Houn, se porta en avant, et, au Sud-Ouest de Moukden, enfonça le flanc droit des Russes... Une brèche ayant été, ainsi, ouverte, à l'extrémité du flanc droit russe, toute l'armée de Nogui s'y enfonça. »

Mais, bientôt, la brèche s'élargit et, le 10 mars 1905, les Japonais entraient à Moukden.

Il ne restait plus, aux Russes, d'espoir, que sur mer. Mais deux mois et dix-sept jours plus tard, la flotte russe était anéantie à Tsoushima (27-28 mai 1905).

J'ai consacré un chapitre spécial à ce désastre naval, ne pouvant pas... ne pas en relater les horreurs.

Mais déjà, je crois bon d'établir la statistique des pertes, en hommes et en matériel, des deux belligérants.

Je donnerai les chiffres que le *Journal* a pu établir, en s'entourant des avis et en se procurant les estimations d'hommes compétents.

PERTES DES ARMÉES DE TERRE
Russes

BATAILLES	Tués et blessés	Prisonniers	Canons
Kalientsé	2.500	250	28
Nanchan	2.000	400	52
Vafangou	5.000	300	15
Liao-Yang	30.000	»	»
Chaho	70.000	»	16
Heïkoutaï	10.000	»	»
Moukden	110.000	40.000	40
Port-Arthur	20.000	30.000	546
Total	249.500	71.050	697

Japonais

BATAILLES	Tués et blessés	Prisonniers	Canons
Kalientsô	900	»	»
Nanchan.....	5.000	»	»
Vafangou...	1.500	»	»
Liao-Yang...............	50.000	»	»
Chaho	30.000	»	12
Heïkoutaï	9.000	300	»
Moukden.	60.000	»	3
Port-Arthur	70 à 100.000	»	»
Total	230.000(env.)	300	15

VII

Bataille de Tsouchima

Mais tandis que, sur terre, venaient de se passer les terribles événements que je viens d'essayer de résumer, l'Océan était, presque aussitôt, le lieu (?), le gouffre au-dessus duquel se débattait la Fortune navale des deux belligérants. Et, là, l'Abîme qui ne se prête à aucune atténuation des désastres, l'Abîme auprès duquel les mornes plaines de Mandchourie paraissent une sorte d'Eden, d'Eden mortuaire, donne au sombre drame des horreurs de cauchemar. Cauchemar vécu, hélas ! brièvement vécu !

Ici, je ne peux guère, me semble-t-il, aller au delà du texte même des dépêches.

Je les transcris, dans l'ordre où elles nous furent connues, en n'évitant que les inutiles détails.

Détails de cataclysme !

Tokio, 29 mai 1905 *(Officiel)*. — La flotte de Rodjestvensky est virtuellement anéantie : 12 navires de guerre coulés ou capturés, 2 transports et 2 contre-torpilleurs coulés.

Londres, 29 mai. — Une dépêche de Washington annonce que M. Griscom, chargé d'affaires des Etats-Unis à Tokio, télégraphie ce qui suit : ... Les pertes totales des Russes, d'après le rapport de l'amiral Togo, s'élèvent à 2 cuirassés, 1 garde-côtes, 5 croiseurs, 1 navire-hôpital, 1 navire-atelier, 3 contre-torpilleurs, tous coulés.

2 cuirassés, 2 garde-côtes, 1 navire auxiliaire et 1 contre-torpilleur ont été capturés.

Tokio, 29 mai. — L'amiral Nebogatoff et 8,000 marins sont prisonniers. L'amiral Rodjestvensky semble avoir échappé au désastre.

La bataille commencée samedi matin s'est terminée dimanche soir.

La poursuite continue.

Washington, 29 mai. — Le département de la marine apprend que les Japonais se sont emparés du vaisseau amiral *Sissoï-Veliki*, lequel est gravement avarié.

Tokio, 29 mai. — ...Au total, dix navires (russes) coulés et quatre pris.

Saint-Pétersbourg, 29 mai. — D'après les nouvelles parvenues à Shanghaï, sept navires japonais, dont deux cuirassés, auraient été coulés.

Londres, 30 mai. — Une dépêche Laffan de Tokio dit que les Japonais continuent la poursuite de l'escadre Rodjestvensky. On annonce que le reste de la flotte russe a été annihilée près de Vladivostock.

Tokio, 31 mai. Rapport de l'amiral Togo. — ...Notre contre-torpilleur *Sazami* captura le 27, au soir, au sud de l'île Urleung, le destroyer russe *Biedovy*, à bord duquel on découvrit l'amiral Rodjestvensky et un autre amiral, tous deux grièvement blessés ainsi que quatre-vingts Russes, dont l'état-major du navireamiral *Prince Souwaroff* coulé le 27. Ils furent tous faits prisonniers...

Nos pertes totales, en hommes, ne sont pas encore connues exactement, celles de la première division sont un peu au-dessus de quatre cents morts ou blessés.

Tokio, 31 mai. — Pertes russes : 6 cuirassés, 5 croiseurs coulés, 1 garde-côtes, 2 navires de service spécial et 3 destroyers ont également coulé. 2 garde-côtes et 1 destroyer *Biédovy* ont été capturés.

LES RUSSES ONT DONC PERDU, EN TOUT, 22 NAVIRES, DONT LE TONNAGE S'ÉLÈVE A 153,411 TONNES, PLUS LE CROISEUR « AL-MAZ » QUE L'ON CROIT COULÉ.

Berlin, 31 mai. — Il semble qu'à Tsarskoié-Selo, un grand duel soit engagé, en ce moment, entre le parti de la paix, dirigé par M. Witte et le comte Lamsdorff, et le parti de la guerre, c'est-à-dire les grands-ducs. Le tsar paraît favoriser celui-ci.

Mais les journaux « nationalistes » (comme nous appelons, en France, les organes belliqueux), les journaux nationalistes russes trouvent que le désastre de Tsoushima est réparable... sur terre.

Leurs confrères français et, tout particulièrement, la pugnomane *Patrie*, proclament que le désastre ne fut pas, pour les Russes, aussi terrible qu'on a bien voulu le dire. Et M. Emile Massard conclut : « Donc, honneur à Rodjestvensky qui vient de relever le prestige de la marine russe et de conduire sa flotte, sinon à la victoire, du moins à la gloire qui s'attache à tous les héros. »

Je n'ai pas assez de méchante ironie dans l'âme pour critiquer cette façon bien particulière, de voir. Mais, il me semble que c'est bien plutôt M. Emile Massard qui, à défaut d'ironie, manie, désagréablement, le *pavé de l'ours*. On ne se permet pas, on ne devrait pas se permettre de dire à un grand vaincu, encore accablé par la douleur de sa défaite, qu'il vient de relever le prestige de sa flotte... disparue, et on ne devrait pas avoir le mauvais goût de le qualifier de héros, parce qu'il n'a pas pu éviter un épouvantable désastre.

Le *Svet* (russe) considère que, grâce à sa force, l'armée de Mandchourie n'a pas été ébranlée par la défaite de la flotte.

Est-il bien utile de dire que c'eût été, positivement, la première fois qu'un désastre maritime aurait eu d'immédiates conséquences sur terre?

Tokio, 1er juin. — Les pertes japonaises dans la bataille ont été de 113 officiers et hommes tués et 124 officiers et hommes blessés.

Tokio, 2 juin. — On discute ici les causes principales de la défaite des Russes. Un tacticien japonais énumère les suivantes:

1º Les reconnaissances étaient imparfaites; les renseignements étaient incomplets, erronés ou trompeurs.

2º L'amiral Rodjestvensky avait pris une mauvaise formation de combat.

3º L'état de l'atmosphère et le vent étaient contre les Russes.

4º Les Russes ont gaspillé leurs munitions.

5º Les Russes ont fait preuve, dans le tir, d'une infériorité manifeste.

Le 30 mai, le baron Suyematsu, l'homme d'Etat japonais, déclare, à Londres, au cours d'une interview, que la victoire nipponne devrait abréger la guerre.

Mais, le 5 juin, les *Nouvelles de Hambourg* qui, *peut-être*, font de la politique beaucoup plus allemande que russe, disent que la Russie ne doit pas capituler.

Même ton dans la *Gazette de Cologne* et dans la *Gazette de la Westphalie rhénane*.

Au surplus, le conseil de guerre tenu à Tsarskoié

Selo, le 30 mai, aurait décidé de continuer la guerre jusqu'à la dernière extrémité.

Et le 5 juin, le grand-duc Nicolas Nicolaïevitch déclarait au tsar qu'il fallait continuer la guerre, à tout prix, même si les Japonais devaient avancer jusqu'à Tomsk. Les quelques hommes d'Etat qui prêchent la paix ont été renvoyés par le tsar.

Peut-être, me sera-t-il permis de supposer que l'intérêt de la Russie, de toute la Russie, n'était pas, uniquement, le mobile qui poussait le grand-duc à faire cette motion désespérée.

Déjà, le 31 mai, à Tsarskoïé-Selo, avait eu lieu un véritable duel, entre le parti de la paix représenté par M. Witte et le comte Lamsdorff, et le parti de la guerre représenté par les grands-ducs. Le tsar avait paru favoriser ce dernier.

Mais il me semble nécessaire d'ouvrir, relativement aux négociations de paix et à la Conférence de Portsmouth, un chapitre spécial.

Auparavant, je tiens à établir le coût du dernier acte du drame : Tsoushima. Les Russes avaient perdu, au minimum, 550 millions et les Japonais 85... seulement. (Appréciation du *Journal*, 1er septembre 1905.)

VIII

La Paix

Nous approchons du terme final de l'épouvantable épopée. Mais avant d'aborder l'acte même qui consacra la paix, il me semblerait manquer à toute conscience historique si je ne signalais quelques incidents d'où faillirent sortir des complications nouvelles.

Le gouvernement japonais avait cru de son devoir de protester contre la violation du principe de la neutralité, par la France, en faveur de la Russie.

Un peu avant la bataille de Tsoushima, la flotte russe, selon les hommes d'Etat japonais, avait trouvé à se ravitailler, et, spécialement, en charbon, sur la côte de l'Indo-Chine française, dans la baie de Kamranh.

Les diplomates japonais, probablement mal renseignés, affirmaient que « des quantités immenses de charbon et autres fournitures, pour la flotte de la Baltique, auraient été emmagasinées, à Saïgon, à la pleine connaissance des autorités françaises ». Or, c'était là un fait absolument faux, la statistique commerciale et officielle pouvant aisément démontrer que le stock de charbon était, après le passage des Russes, sensiblement identique aujourd'hui, à Saïgon, à ce qu'il était l'année précédente et les autres années.

« De même, la dépêche déclare que la baie de Kamranh aurait été accordée, en concession, au marquis Barthélemy Pontalis, qui, « comme concessionnaire, aurait le droit de recevoir et d'expédier des marchandises, sans payer de douane ». Il n'y a à cela qu'une erreur, c'est qu'il n'existe pas de marquis Barthélemy Pontalis et que, jamais, personne n'a pu expédier des marchandises dans la baie de Kamranh, pour la bonne raison qu'il n'y a, dans cette baie, ni dock, ni baraquement — pas même un hangar...

« D'ailleurs, nous sommes autorisés à affirmer que le gouvernement de la République repousse, d'une manière formelle et absolue, toutes les accusations de violation de neutralité portées contre la France. »

(Matin, 9 mai 1905.)

De son côté, le Times déclarait : « Nous ne pouvons envisager cette manifestation avec indifférence, ni la considérer comme une chose de peu d'importance. En outre, l'attitude modérée et prudente que notre correspondant a constamment observée pendant la période d'effervescence et de confusion qui a précédé la guerre russo-japonaise, prouve que ce n'est pas un alarmiste et indique qu'il ne reproduit les informations qu'il nous transmet que pénétré de la gravité de la situation. »

A Tokio, le gouvernement japonais, cependant, observait encore une réserve très digne et très prudente.

Et, d'ailleurs, les organes belliqueux du Japon, insistaient, eux-mêmes, auprès du gouvernement, pour qu'il acceptât les assurances de la France, à savoir : que la flotte de la Baltique se trouvait en dehors des eaux territoriales françaises.

Il n'est que juste de rendre hommage aux journaux japonais qui surent, à un moment de semblable effervescence, imposer silence à l'exaltation du... patriotisme des foules.

Au surplus, le 29 mai suivant, le désastre russe de Tsoushima mit fin à toute polémique.

Les pourparlers, pour la paix, commencèrent.

Ce fut l'ambassadeur des Etats-Unis, à Saint-Pétersbourg, qui au nom de M. Roosevelt, parla le premier de la Paix.

J'insiste encore, à ce propos, sur ce que la politique des hommes d'Etat américains a de consolant, de réconfortant, et crois de mon devoir de déclarer qu'il y a là de quoi, facilement, oublier le rôle, souvent néfaste, d'une partie de la Presse américaine.

« L'empereur de Russie remercia l'ambassadeur des Etats-Unis des bons offices qui lui étaient offerts par M. Roosevelt, ajoutant que la question des négociations de paix n'était pas, le moins du monde, ouverte ; mais disant qu'au cas où l'occasion lui en serait offerte, il se souviendrait de la proposition amicale du président Roosevelt. » (*Journal*, 10 juin 1905.)

Après quelques hésitations de pure forme, le principe de la paix fut, de part et d'autre, accepté.

Dans le monde militaire russe, on affecta d'en être péniblement affecté. Mais la grande masse de la population, tout en dissimulant son sentiment de soulagement, l'accueillit favorablement.

Enfin, le 5 septembre 1905, la paix fut signée à Portsmouth.

Les principales clauses en étaient:

1º L'abstention des Russes en Corée, de façon à ne gêner en rien les intérêts du Japon, dans ce pays, mais avec égalité de traitement pour les Russes pouvant y résider.

2º Evacuation complète de la Mandchourie, par les deux contractants, à l'exception du territoire, affecté par bail, de la péninsule de Liao-Toung.

3º Rétrocession à la Chine de toutes les parties de la Mandchourie actuellement occupées ou sous le contrôle des troupes japonaises ou à l'exception des territoires ci-dessus mentionnés.

Le gouvernement russe déclare n'avoir, en Mandchourie, aucun avantage, ni aucune concession préférentielle ou exclusive au détriment de la souveraineté chinoise ou incompatible avec le principe des facilités égales.

4º Le gouvernement impérial de Russie s'engage à transférer et à assigner au gouvernement impérial du Japon, sans compensation et avec le consentement du gouvernement chinois, la voie ferrée entre Chan-Chung et Port-Arthur, et tous ses embranchements, ainsi que tous les droits, privilèges et propriétés s'y rattachant dans cette région, de même que toutes les mines de charbon situées dans ladite région, appartenant à la voie ferrée ou exploitées pour son bon fonctionnement.

Les deux hautes parties contractantes s'engagent mutuellement à obtenir le consentement du gouvernement de la Chine mentionné dans la stipulation précédente.

5° Le Japon et la Russie s'engagent à exploiter leurs voies ferrées respectives en Mandchourie exclusivement da.. un but commercial et industriel, et en aucune façon, dans un but stratégique.

6° Le gouvernement impérial de Russie cède au gouvernement impérial du Japon, à perpétuité, et en toute souveraineté la partie méridionale de l'île de Sakhaline, toutes les îles adjacentes, les travaux publics et propriétés qui s'y trouvent...

Le Japon et la Russie s'engagent respectivement à ne prendre aucune mesure militaire de nature à entraver la libre navigation des détroits de Lapérouse et de Tartarie.

7° Les sujets russes habitant le territoire cédé au Japon auront la faculté de vendre leurs biens réels et de regagner leur pays; mais s'ils préfèrent rester dans le territoire cédé, ils seront maintenus et protégés dans le plein exercice de leurs industries et droits de propriété à la condition de se soumettre aux lois et à la juridiction japonaises.

Le Japon aura toute liberté de retirer le droit de résidence, ou de déporter de ses territoires, tout habitant frappé de déchéance politique ou administrative. Il s'engage, cependant, à ce que les droits de propriété de ces habitants soient pleinement respectés.

8° La Russie s'engage à s'entendre avec le Japon pour accorder aux sujets japonais les droits de pêcheries le long des côtes des possessions russes, dans les mers du Japon, d'Okhotsk et de Behring.

9° Les deux puissances contractantes s'engagent à s'accorder, réciproquement, le traitement de la nation la plus favorisée.

10° Aussitôt que possible après que le traité actuel sera entré en vigueur ,tous les prisonniers de guerre seront réciproquement rendus.

Etc..., etc... (points de détail n'ayant qu'une importance secondaire pour le développement d'une thèse générale).

Je trouve, dans ce traité, une nouveauté ! Non point une nouveauté absolue, mais une affirmation positive, grandiose des préoccupations économiques. Sans doute, dans les guerres antécédentes, le gain et, par conséquent, l'avantage économique étaient envisagés. Mais, jamais, on n'avait, de façon aussi précise, aussi commerciale, départagé le résultat.

Sans doute, le vainqueur a réclamé la part qui lui semblait devoir l'indemniser des frais énormes qu'il venait de faire. Il s'est contenté de réclamer pour la partie la plus intéressante de ses nationaux, un peu plus de facilité de vivre. Mais il s'est oublié lui-même, lui et ses finances. Il s'est montré, simplement, ce qu'il devait être, ce que les jurisconsultes de Rome appelaient le *paterfamilias*.

Ah ! Japon ! nos poètes, nos romanciers nous avaient fait connaître, de toi, de bien jolis, de bien poétiques aspects. Aujourd'hui nous te connaissons mieux ! Nous apprécions mieux ta valeur morale !

On t'a accusé, Peuple à l'assimilation si facile, parce qu'admirablement intelligent, d'avoir imité l'Europe !

Rassure-toi, Japon ! Les Aryens ont cessé de te considérer comme leur imitateur ! Tu viens de les devancer et de leur donner une leçon de Sagesse.

Tu as été le bon vainqueur. Vainqueur par les armes, mais, surtout, par la Sagesse.

Il se peut que, plus tard, les historiens sceptiques (il y en aura toujours) trouvent ironique que Toi et la Russie, ayez songé à rétrocéder à la Chine ce qui était son bien. Mais, humblement, je réponds d'avance aux historiens futurs : « Vous n'avez pas bien la notion de l'Histoire de NOTRE temps. Je vous assure que ce fut, parmi Nous, une nouveauté que de respecter les droits et la propriété des neutres... surtout quand ces neutres étaient, comme la Chine, un géant que sa taille rendait presque impotent. Le Japon n'a pas été seulement vainqueur, il a ouvert une ère nouvelle et consacré, par les faits, l'inappréciable valeur de la Paix ! »

DATES	NOMS DES BATAILLES	PERTES RUSSES		PERTES JAPONAISES	
		Hommes	Argent	Hommes	Argent
1904					
14/4	*Petropawlosk* (sauté) ...	1.000	25.000.000	»	»
24/2 27/3 3/3	Essai de forcer la rade de Port-Arthur	»	»	113	15 navires marchands (transform.) 20.000.000
20/5	Les 2 cuirassés : *Yoshima* et *Hatouse* sautent....	»	»	»	40.000.000
»	*Yoshino* coulé après abordage avec le *Kassuga* détérioré aussi........	»	»	»	30 000.000
»	*Mikayo* explosé en ramassant des torpilles dans la baie Kerr.....;	»	»	»	15.000.000
28/5	Destruction par les Russes de Dalny et des ponts de chemin de fer.	»	5.000.000	(en chassant les Russes) 5.000	»
11/2	*Hakonoura Marou*	»	»	»	1.500.000
»	*Kinchou Marou*......... (transports)	»	»	»	1.500.000
15/6	Pertes du *Idzoumi* (coulé) et du *Hitachi - Sado* (sabordé)............	»	»	3.000	3.250.000
Epoque circumvoisine.	L'escadre de Bezobazoff fait, sur les côtes du Japon, 200.000 tonnes de prises	»	»	»	»
8-9/2	*Cesarevitch*, *Retvisan*, *Pallada*, grièvement atteints par des torpilles............	»	»	»	»
8/2	Croiseur protégé *Varyag*, canonnière *Koreets*, transport *Soungari*, criblés de coups, sont explosés par leurs équipages............	»	»	»	»
2-3/5	Essai de forcer la rade de Port-Arthur : *Sakoura*, *Totomi*, *Otaru*, *Sagami*, *Aikoku*, *Asagao*, navires marchands	»	»	»	9.000.000
»	Blocus de Port-Arthur...	»	»	»	6.219.000
29/8	Combat d'Ashantien.....	»	»	»	»
31/8	Les Japonais enlèvent Koumenko............	»	»	»	»
Octobre 10, 11, 12, 13, 14, 15 et 16	Batailles du Chaho......	45.000	»	22.000	»
27-28/5	Tsoushima (en ne mentionnant pas les navires capturés)............	»	168.000.000	113	»

Je crois utile de donner, comme suprême épilogue de la guerre russo-japonaise, l'état des pertes qu'elle a déterminées.

PERTES DES ARMÉES DE TERRE
Russes

BATAILLES	Tués et blessés	Prisonniers	Canons
Kalientsé..............	2.500	350	28
Nanchan...............	2.000	400	52
Vafangou.............	5.000	300	15
Liao-Yang.............	30.000	»	»
Chaho.................	70.000	»	16
Heïkoutaï.............	10.000	»	»
Moukden..............	100.000	40.000	40
Port-Arthur..........	20.000	30.000	546
TOTAL.......	249 500	71.050	697

Japonais

BATAILLES	Tués et blessés	Prisonniers	Canons
Kalientsé.............	900	»	»
Nanchan..............	5.000	»	»
Vafangou.............	1.500	»	»
Liao-Yang............	50.000	»	»
Chaho................	30.000	»	12
Heïkoutaï............	9.000	900	»
Moukden.............	60.000	»	3
Port-Arthur..........	70 à 100.000	»	»
TOTAL.......	230.000(env.)	900	15

La Révolte du " Potemkin "

Pendant que se déroulaient les dernières péripéties de la tragédie mandchourienne et comme si celles-ci n'eussent suffi à faire, autour des Russes, une atmosphère de lamentable détresse, éclatait encore un drame particulier, un drame intime : la révolte du *Potemkin*.

Pour en exposer les motifs, je ne saurais mieux faire que laisser la parole à l'un des révoltés : Petroff Pogoirnetz, qui fut l'un des meneurs et que put interviewer M. Robert Gaillard, l'envoyé du *Journal*.

« — Personne n'est plus désireux que nous de voir la vérité connue par tout le monde. On a prétendu, paraît-il, que nous étions des pirates décidés à faire la guerre aux habitants inoffensifs des petits ports de la mer Noire, et, quand elle nous a vu apparaître, la ville de Théodosie s'est mise en état de défense. Ils auraient dû savoir que nous les considérions comme nos frères de souffrance. Nous avons lutté pour la liberté, et, en prenant la cause du peuple russe, nous avons voulu lui donner l'exemple de la résistance acharnée au despotisme. Nos officiers nous ont traité comme des bêtes, comme de la chair à canon et non comme des défenseurs de la patrie. Voilà pourquoi la révolte générale était décidée à bord de tous les navires de l'escadre de la mer Noire. Elle devait éclater, à un signal convenu, le 2 juillet. Il a fallu, pour faire échouer le plan qu'un incident survînt qui précipita, malencontreusement, les choses à bord du *Potemkin*, avant que les autres équipages ne fussent prévenus. »

Je donne un texte, mais je me garderais bien de le commenter ; encore plus, de l'apprécier.

Petroff explique, ensuite, que ce fut Matuchenko qui mit le feu aux poudres :

« — Le capitaine Giliarovsky, dit-il, qui commandait en second, nous avait toujours infligé des traitements d'une cruauté inouïe, et c'est lui qui provoqua la colère de Matuchenko dans les circonstances suivantes :

« Au cours de nos manœuvres dans le voisinage de l'île de Tendra, plusieurs matelots furent délégués par l'équipage, pour se plaindre au capitaine Giliarovsky de la viande pourrie et grouillante de vers qu'on nous donnait comme nourriture. Au lieu de donner suite à cette réclamation, très justifiée, d'ailleurs, il ordonna immédiatement des préparatifs en vue de l'exécution sommaire de tous ceux qui protestaient contre la mauvaise qualité de la nourriture.

« Devant l'équipage, au complet, rangé sous les armes, il fit amener les plaignants et prit soin de faire étendre des toiles sur l'emplacement du pont qu'ils devaient occuper, afin, dit-il à haute voix, que le sang ne salisse pas le plancher. Puis il donna des ordres au peloton d'exécution; mais aucun des hommes ne tira. Sommés de nouveau, ils refusèrent catégoriquement et c'est alors que Matuchenko invectiva l'officier de la façon la plus violente. Fou de colère, le capitaine arracha un fusil des mains d'un homme, et, visant Matuchenko, voulut le tuer; mais il tua un autre matelot, nommé Vaculenchuk.

« Alors, Matuchenko se rua, à son tour, sur le capitaine Giliarovsky et le tua. Il entraîna ensuite tout l'équipage à la révolte et accomplit, de ses propres mains, la plupart des meurtres. Six officiers furent surpris et massacrés. Onze autres qui s'étaient tenus à l'écart, furent invités à quitter le *Potemkin*, immédiatement, à bord de la chaloupe à vapeur.

« Et Petroff me raconte encore des détails épouvantables. Quand le commandant du *Potemkin*, entendant les clameurs de l'équipage, sortit de sa cabine pour connaître la cause de ce tumulte, il se trouva en face de Matuchenko, le visage égaré :

« — Que fais-tu ? lui dit-il. Ne vois-tu pas que tu es fou ? Tu veux donc tuer tous tes chefs ? Vois, je suis un vieillard.

« — Tais-toi, lui répondit le marin, tu vas mourir !

« Et frappé d'une balle, en plein front, le commandant tomba raide mort. »

« Ensuite, commença la croisière aussi inquiète qu'inquiétante du cuirassé, sur la mer Noire.

« Il était impossible aux mutins de se réapprovisionner... il devenait évident pour les équipages du *Potemkin* que, prisonniers dans cet immense lac, ils y seraient pris par la famine, ou coulés, un soir, par un des torpilleurs russes lancés à leur poursuite. »

Après le débarquement des révoltés en Roumanie, deux cuirassés russes, le *Sinope* et le *Schesmé*, vinrent le prendre pour le ramener à Sébastopol.

D'une longue interview du docteur Rakowsky (qui soignait les malades russes à l'hôpital de Constanza) accordée à M. Fernand Hauser, il résulte que la révolte du *Potemkin* était due à une longue élaboration de sentiments révolutionnaires que les incidents relatés ci-dessus ont, simplement, provoqués à l'action violente.

Le manifeste qui suit et dont le docteur Rakowsky put voir l'original résume toute la question :

AUX CITOYENS DE TOUS LES PEUPLES ET DE TOUS LES PAYS.

« Devant vos yeux, se déroule le tableau grandiose de la lutte libératrice en Russie ; l'armée a servi jusqu'ici de moyen d'oppression ; on attendait le premier soldat qui comprendrait la vérité et se tournerait vers le peuple contre le tsarisme.

« C'est en nos personnes que l'armée fait le premier pas pour s'unir avec le peuple.

« Puissent les victimes, puissent nos frères, ouvriers et paysans, tombés sous les balles des soldats dans les rues et dans les champs de l'immense Russie, nous laver de la malédiction qui pèse sur les assassins.

« Nous ne sommes ni les assassins, ni les bourreaux de notre peuple; nous sommes ses défenseurs; nous voulons le bien-être, le bonheur et la paix pour notre pays; notre devise, c'est: « La mort « ou la liberté pour toute la Russie. »

« Nous voulons la cessation de la guerre; nous voulons la Constitution; nous voulons le suffrage universel! C'est pour ces revendications que nous sommes prêts à vaincre ou à mourir sur notre cuirassé.

« A bas l'autocratie! Vive la Révolution Russe!»

Encore une fois, je répète que je ne veux me livrer, à propos de ce document, à aucun commentaire. Il est de ceux qui, aux heures troubles de la vie des nations, n'ont d'autre importance que celle que leur donne la suite des événements. La plupart des révoltés restèrent en Roumanie où ils trouvèrent à s'employer comme ouvriers... agricoles.

La Question marocaine

Si je parle de la question marocaine qui s'est si pacifiquement réglée, c'est pour, autant que possible, n'omettre aucune des causes de litige qui ont pu, ne serait-ce qu'un instant, émouvoir les nations, dans le sentiment de leur sécurité.

En outre, l'incident marocain a sa place dans cette brève étude, puisqu'il est (avec des conséquences finales très peu orageuses) une des manifestations de l'actuelle possibilité des conflits, non plus à un pur point de vue politique, mais bien en raison de la concurrence économique.

« La visite du Kaiser (à Tanger), écrivait Jean du Taillis, dans le *Journal* du 31 mars 1905, a pour but de montrer clairement au Sultan du Maroc que l'Allemagne ignore et n'approuve pas la politique de pénétration pacifique suivie par la France. On ne connaît pas, à Berlin, les accords que le gouvernement français a conclus avec l'Italie, l'Angleterre et l'Espagne. Le programme de réformes dont M. Saint-René-Taillandier préconise l'adoption, ne représente pas les vues de l'Allemagne. La *Gazette de l'Allemagne du Nord*, la *Gazette de Cologne*, le *Lokalanzeiger* ne cessent de le répéter depuis huit jours. M. de Bulow compare la situation du Maroc à celle de la Chine. On ne traite pas les accords internationaux avec plus de désinvolture. »

Aussitôt que fut annoncée, officiellement, la visite de Guillaume II, la population de Tanger : Arabes et Juifs (à peu près aussi bons commerçants les uns que les autres) firent des préparatifs pour recevoir, dignement et aussi fastueusement que possible, l'Impérial visiteur.

Et, comme en certains pays, le Protocole n'a pas encore eu raison de certaines fantaisies que, nous, nous avons reléguées au domaine de l'opérette, Raissouli, le brigand fameux, demanda aux autorités marocaines, la faveur d'être présenté à Guillaume II. Les Autorités lui firent répondre que tout ce qu'elles pouvaient faire pour lui, c'était de ne rien entreprendre contre lui et de ne pas le pendre, pendant le séjour du Kaiser.

Le 30 mars 1905, Guillaume II fait ses adieux à la famille royale portugaise qui l'avait reçu, à Lisbonne, et s'embarque.

Le même jour, à Berlin, M. de Bülow, répondant, à la fois, aux socialistes et aux chauvins du Reichstag, déclarait:

« Indépendamment de la question territoriale, et indépendamment de la visite, il y a la question de savoir si nous avons à protéger, au Maroc, des intérêts économiques allemands. Or, nous en avons. Au Maroc, comme en Chine, nous avons un intérêt primordial au maintien de la « porte ouverte », c'est-à-dire à l'égalité de tous les peuples faisant le commerce; les intérêts allemands, au Maroc, sont très importants, et nous avons à veiller à ce qu'ils restent traités sur un pied égal à celui de toutes les autres puissances. »

Cette déclaration, pour très ferme qu'elle fût, n'avait rien d'agressif.

La presse *chauvine* allemande se hâta d'y apporter quelques *dièzes* malencontreux:

« On nous traita en quantité négligeable l'année dernière; nous répondons en ignorant la France, en nous adressant au sultan pour sauvegarder notre liberté commerciale. Cette attitude nous plaît. Espérons que le comte de Bulow continuera énergiquement dans cette voie (*Gazette*, 30 mars).

Mais une certaine partie de la presse française et

allemande n'est pas seule à souffler un vent de discorde :

La *Pall Mall Gazette* s'écrie :

« Il n'est pas vraisemblable que la France qui a renoncé à ses droits en Egypte, pour avoir les mains libres au Maroc, tolère qu'une troisième puissance vienne la priver de la compensation légitime aux sacrifices qu'elle a faits ; il faut avouer, continue-t-elle, que la situation renferme tous les événements, tous les éléments d'un conflit sérieux ; mais, en dépit du faible appui que la France puisse se promettre de la Russie, en ce moment, il n'est pas vraisemblable qu'elle recule alors que des intérêts tellement importants sont en jeu. »

Cela s'appelle, en langue populaire, mettre de l'huile sur le feu. Et l'on s'étonne d'entendre pareil langage, de la part d'un organe qui a la prétention de représenter la dignité, la sérieuse politique des nobles habitants du West-End londonnien.

« En résumé, dit l'ineffable *Patrie*, la presse anglaise envisage la visite de Guillaume II, comme un coup droit porté à la France. »

Words ! words ! words ! eût dit Hamlet qui, cependant, était de paternité (intellectuelle) anglaise.

O *Patrie !* auriez-vous, *déjà*, oublié Jeanne Darc et allez-vous prendre vos inspirations chez ceux qui furent (comme tant d'autres) vos ennemis héréditaires (héréditaires *ab intestat*).

Le *Berliner Tageblatt*, lui, s'exprime ainsi :

« M. de Bulow attendait, et M. Delcassé qui voulait exclure l'Allemagne de la politique marocaine, continuait à se taire. Alors, on crut, à Berlin, que le moment était venu de montrer aux dirigeants des bords de la Seine qu'on n'était pas disposé à se laisser traiter en « quantité négligeable ».

« Le moment de s'affirmer était visiblement bien choisi. L'ami et l'allié de la France, l'empire des tsars, n'était pas, pour l'heure, en état d'intervenir efficacement en faveur de la République. L'autre co-contractant de la France, la Grande-Bretagne, avait le sentiment que ce n'était pas son affaire d'aider M. Delcassé à sortir d'une impasse où il s'était fourvoyé lui-même, par un péché d'omission diplomatique. »

De son côté, M. Delcassé faisait déclarer par un journal officieux :

« ... Le texte même de l'arrangement sur lequel la France et l'Angleterre étaient d'accord a été, par la voie diplomatique, communiqué au gouvernement allemand avant que les deux puissances intéressées apposassent leur signature au bas de la convention. C'est encore ainsi que M. Delcassé a donné à plusieurs reprises l'assurance formelle que les intérêts économiques que l'Allemagne pouvait posséder au Maroc seraient absolument sauvegardés.

« Il serait non moins inexact de considérer que la croisière de l'empereur d'Allemagne ait un caractère de protestation contre la politique que la France poursuit au Maroc. »

On ne pouvait mieux, ni plus exactement, dire.

De son côté, M. de Bülow, consentant à recevoir l'envoyé d'un important journal français qui a la sagesse d'être très pondéré : le *Petit Parisien*, lui fit les importantes déclarations suivantes :

« ... Je ne voudrais, pour rien au monde, attaquer qui que ce soit. Mais, ne puis-je rappeler qu'il y a un an et demi, lorsque fut conclue l'entente franco-anglaise qui concernait le Maroc, je fis, au Reichstag, cette déclaration :

« L'entente en question ne paraît nullement dirigée contre l'Allemagne... mais j'ajoutai, cependant, qu'aucune notification officielle ne m'en avait été faite.

« Croyez-vous qu'à ce moment, cette notification

que j'estimais nécessaire, n'eût pas dû être faite ? Rien n'arriva et nous eûmes une preuve de plus que la politique française était, non seulement, de nous isoler, mais aussi de nous froisser.

« Vint le jour où cette politique accusa une tendance à vouloir transformer le Maroc en une seconde Tunisie.

. . . .

. . . .

« LES NÉGOCIATIONS QUI VIENNENT D'AVOIR LIEU, L'ACCORD RÉCENT ONT DÉMONTRÉ AUX ALLEMANDS QU'IL Y AVAIT QUELQUE CHOSE DE CHANGÉ, EN FRANCE, A LEUR ÉGARD ET QU'ON FAISAIT, DEPUIS QUELQUE TEMPS, CHEZ VOUS, VIS-A-VIS DE NOUS-MÊMES, UNE POLITIQUE LOYALE. »

J'ai souligné, comme il convenait, ces paroles, parce qu'émanant du très haut personnage qui les a prononcées, elles ont une énorme importance.

Sans doute, elles n'ont fait que *suivre* la Conférence d'Algésiras, mais j'ai cru bon de les rapporter, presque, dès le principe, parce que, très évidemment, les sentiments dont elles s'inspirent, étaient, eux, antérieurs à la Conférence et ont, très probablement, été une des causes efficientes du succès de la Conférence.

L'entrevue accordée par M. de Bülow, à M. Lucien Vrily (l'envoyé du *Petit Parisien*) date du 3 octobre 1905.

Le 14 décembre suivant, M. Rouvier, ministre des Affaires Etrangères et président du Conseil des Ministres (de France), prononçait un long discours, au cours duquel il rappelait toute l'évolution historique de la question et duquel je détacherai, simplement, ce passage :

« Des négociations qui ont abouti aux accords des

8 juillet et 28 septembre nos droits sont sortis, sinon tous reconnus, du moins, tous préservés. Ces négociations ont pu être laborieuses; je tiens à prendre acte de leur résultat; que l'Allemagne et la France aient réussi à franchir ces deux premières étapes dans le règlement des difficultés qui ont failli, un moment, troubler leurs relations, c'est là un fait que je me reprocherais, pour ma part, de laisser dans l'ombre au cours de ces explications. »

Aussi bien aux paroles de M. Rouvier qu'à celles de M. de Bülow, on se sent, en les relisant, une intime envie d'applaudir.

La Conférence d'Algésiras termina ses travaux à la fin de mars 1905.

Il me semble peu utile de donner le texte intégral de l'Acte définitif.

Très pratiquement, il édictait tout d'abord les mesures de police propres à assurer une sécurité relative au Maroc. Les forces de police devaient être composées de Musulmans, mais sous le commandement d'officiers français et espagnols.

Au point de vue financier, il était créé une Banque d'Etat soumise au contrôle de quatre inspecteurs-censeurs choisis par les Banques d'Etat de France, d'Allemagne, d'Angleterre et d'Espagne.

Au point de vue politique, l'Allemagne et la France reconnaissaient : 1º L'indépendance du Maroc; 2º La souveraineté absolue du sultan; 3º La valeur légale (au point de vue international) des accords signés entre le Maroc et la Conférence; 4º La validité des accords franco-anglais et franco-espagnols; 5º La consécration du droit de surveillance, de la part de la France, sur la frontière algéro-marocaine.

Sans doute, les critiques sceptiques (il en est encore, il est encore des gens qui croient de leur dignité (?) de n'accorder que peu de confiance aux plus positives manifestations de la déchéance de la politique d' « oiseau de proie » qui a tant ensanglanté le Monde), les critiques sceptiques n'ont pas manqué et ne manqueront pas de dire que l'arrangement pacifique des affaires marocaines ne dépasse pas, comme niveau moral, le sentiment d'une économie bien comprise.

C'est déjà quelque chose.

Mais outre ce résultat pratique, je pense qu'on a le droit d'estimer que le Monde est en progrès, lorsque venant de régler, à l'amiable, une question épineuse, les représentants des Puissances se quittent en se serrant la main, et en se disant, non sans un sourire : *Much ado about nothing !*

Et cependant... ! qu'eût donc pu devenir ce RIEN ?

Les Dangers de la Guerre
en Temps de Paix

Je demande pardon, aux lecteurs, d'être revenu, avec autant de détails, sur quelques grands faits encore si récents, et que bien peu d'entre eux avaient, déjà, pu oublier.

Mais, j'ai pensé que les Faits, que l'Histoire avaient une voix plus puissante que ne pourrait l'avoir aucun écrivain — cet écrivain fût-il beaucoup plus connu et, surtout, beaucoup plus grand penseur que moi.

Ce n'est d'ailleurs pas, pour une autre raison qu'on enseigne l'Histoire dans les écoles. L'enfant l'apprend, un peu à contre-cœur (je parle ici pour le plus grand nombre), parce qu'il ne saisit encore que très peu la relation qu'il peut y avoir, par exemple, entre l'ambition de Charles-Quint et l'état de choses moderne.

Mais, plus tard, des réminiscences lui reviendront qui éclaireront, en son esprit, les conditions historiques, purement historiques qui avaient déjà fait de la France une isolée, quand ses Rois, en dépit de leurs alliances avec la maison d'Autriche, virent d'abord surgir devant eux, devant leur dynastie, la Révolution intellectuelle, le mouvement encyclopédique, puis la Révolution politique : celle de 1889. Et sans s'en douter, ils feront, humblement, mais avec quelque précision, de la philosophie de l'Histoire.

Et c'est ainsi que ce sera, certainement, de méditations, de documentation générale sur nos dernières grandes convulsions, que naîtra l'ère de la paix définitive et universelle.

Le Monde sera bientôt las de se ruer aux luttes fratricides, au bénéfice d'un petit polynôme d'intéressés.

Cela dit, je vais m'efforcer de mettre en relief les dangers de la Guerre... en temps de Paix.

Ils sont — heureusement — peu nombreux, les exemples que je vais citer. Mais il s'en dégage assez d'horreur, pour servir de leçon.

Les belligérants d'Extrême-Orient n'avaient pu — on le comprend sans l'admettre — ni repérer exactement toutes les mines qu'ils avaient plongées, ni les retrouver toutes, à l'issue de la guerre.

Il arriva ce qui devait arriver : que des navires marchands, suivant, fatalement, les grands courants marins, heurtèrent des mines en dérive et sautèrent.

Le 4 mai 1905, un transport marchand japonais, le *Sheyutsu-Maru*, touche une mine, près des îles Miao-Cao, et tout l'arrière du navire est enlevé par l'explosion. On ne sait pour quelles raisons, il refusa les secours d'un navire chinois et alla sombrer un peu plus loin.

Le 12 mai, le vapeur anglais *Sobralense* touche une

mine au large de Port-Arthur et coule immédiatement. Quelques passagers et quelques matelots peuvent se sauver, mais le reste est englouti.

Le 20 octobre, le steamer *Variag* (un sinistre homo-
nyme!) quitte Vladivostock. Le lendemain, il touche
une mine et saute immédiatement. **DEUX CENTS
PASSAGERS ONT PÉRI. UN SEUL A ÉTÉ SAUVÉ.**

Ce sont là des accidents de guerre, ou, tout au
moins, consécutifs à la guerre.

Mais les mers et les pays, en pleine paix, offrent-
ils plus de sécurité ?

Pas davantage. La préparation constante à la guerre
en fait des abîmes, des volcans toujours prêts à
l'œuvre de mort.

Le 26 septembre 1906, le cuirassé anglais *Hiber-
nia* qui faisait ses essais dans le port de Plymouth, a
été endommagé par le tir de ses gros canons.

Au huitième de la charge prévue, en temps de
guerre, le recul était si violent qu'il fut impossible
de continuer le tir qui s'effectuait avec de la *cor-
dite*. L'ébranlement subi par le navire fut tel que
l'on constata des fissures, sur le pont, en arrière
des barbettes.

Dans les milieux maritimes, on fit alors remarquer que la puissance croissante des batteries, jointe
à l'allongement des canons, pour obtenir une plus
grande portée, fera des exercices à feu, à bord des
navires de guerre, un danger réel.

Ici, sans doute, il n'y a pas d'accidents de personnes. Mais ce pont qui se fend, en temps de paix,
à la suite d'un tir exécuté au *huitième* de la charge
prévue, que deviendrait-il, en temps de guerre ?

Et s'il m'est permis de rappeler, à ce sujet, une
réminiscence personnelle, je me souviens qu'à Brest,
en 1889, lors des essais de tir de l'*Amiral.Baudin*
.(cuirassé d'escadre), les têtes de boulon du pont
tombèrent, en pluie, dans les *carrés* et les *cour-*

sives. On les a refaits, ces boulons, plus gros et plus résistants, après avoir, comme de juste, retaraudé le blindage du pont. Et l'argent des contribuables fila, quelque peu, dans cette double opération. Espérons que les nouveaux boulons sont solides, espérons surtout qu'il n'en sera pas fait d'épreuve trop concluante.

Mais la mer ne détient pas le record des tragiques expériences.

Le 15 septembre 1906, la foudre tombe sur la poudrière de Montfaucon — tout près de Besançon — et met le feu aux poudres. Foudre! Poudre! n'eût pas manqué de dire Hugo! Tristes rimes et désespérant *lamento!*

Des blocs de rochers et des pierres de taille sont projetés à plus de 1,500 mètres. A 200 mètres du Fort-Neuf (où l'explosion a éclaté) se trouve le Vieux-Fort qui a beaucoup souffert de l'explosion. Mais, fort heureusement, sa poudrière qui contenait *200,000* kilogrammes d'explosifs (dont la poudre était le moins nocif) demeure intacte. Qu'eût été la catastrophe si ces 200,000 kilos d'explosifs avaient sauté! Et quelle en eût été l'horreur deux ou trois jours plus tard, alors que 400 réservistes, la plupart mariés et pères de famille, qu'on y attendait, y eussent été casernés.

On eut, toutefois, à déplorer la mort de deux soldats, de la cantinière (Madame Servant) et de sa petite fille... une enfant! Qu'avait-elle à faire, dans pareil cataclysme, la pauvre petite? Est-ce elle qui devait payer la rançon de la Défense Nationale?

Naturellement, un général prononça un discours, sur les tombes encore ouvertes:

« Saluons, dit-il, une dernière fois ces malheureuses victimes; elles sont mortes au devoir et aussi à l'honneur! »

C'est entendu, général! mais madame Servant et sa

petite fille, était-ce bien là, pour elles, un devoir et un honneur que de mourir de cette façon ?

Il faudrait, à la fin ! dans certaines circonstances, trouver autre chose que des tirades de mélodrame ! Croyez-moi, général ! la mort est assez imposante par elle-même, sans qu'il soit besoin de parler, quand elle se produit, du devoir et de l'honneur d'une petite fille bien plus préoccupée de sa poupée que de Jules César et de Napoléon Ier. Son honneur, à cette petite, consistait à devenir une brave femme de ménage, une honnête mère de famille et non pas à avoir ses pauvres petits membres arrachés, disloqués, calcinés dans une trombe de feu.

De ce genre d'honneur (le vôtre !) personne n'en veut pour son enfant !

Le préfet (l'éloquence civile), lui aussi, a parlé :

« Cette catastrophe nous rappelle que, sur cette terre, nous ne sommes que des passagers d'un moment ! »

Eh ! mon Dieu ! monsieur le Préfet, Platon a dit cela, déjà, un peu avant vous, en y ajoutant même des conclusions plus consolantes. Les Pères de l'Eglise l'ont redit, en formulant plus d'espérance précise. Mais ni l'un, ni les autres n'auraient eu l'ingéniosité de penser que la petite victime avait déjà accompli son « passage ». Et s'il vous advient, à vous, de prendre « passage » dans un express que vienne tamponner un autre express, je vous souhaite, tout d'abord, de sortir indemne de l'accident, mais aussi et surtout, d'avoir assez de circonstancielle philosophie, pour vous dire que la vie n'est qu'un passage, *en express !*

Mais général et préfet ont pensé beaucoup mieux qu'ils n'ont parlé, et auraient souhaité, du fond du cœur, prendre la parole... autre part.

Il n'y avait pas encore un mois que la tragédie

de Montfaucon venait de se dérouler, que d'autres deuils nous poignaient.

La catastrophe du *Lutin*, elle, eut le fond de la mer pour théâtre... pour théâtre lugubre et mortel.

Avant lui, et dans les mêmes parages, le *Farfadet* avait fait l'horrible épreuve du peu d'aptitudes naturelles de l'homme pour affronter, toujours impunément, le mystère de l'Océan.

Je ne parlerai que du dernier drame.

Lorsqu'on ne revit plus le *Lutin*, au-delà des délais normaux de sa plongée, l'Autorité maritime eut l'idée de le faire rechercher par des scaphandriers.

Ceux-ci descendirent et, sans longues recherches, découvrirent le sous-marin, sous la mer, à très peu de distance de son point de départ.

Ils frappèrent, aussi fort qu'ils le purent, sur les parois du bâtiment. Mais aucune réponse, aucun signal ne se fit entendre.

A ce propos, des experts remarquèrent ALORS que les sous-marins n'avaient aucun moyen de communication avec la *surface*. Les experts eussent, au moins, fait aussi bien de penser à ce *détail*, un peu plus tôt. Mais on ne peut pas penser à tout.

M. Raymond Lestonnat (du *Journal*) qui est lui-même, en quelque sorte, un expert... mais un expert n'ayant aucune voix délibérative dans les conseils, interrogea les *services compétents*, leur demanda, à ces compétents services dont la compétence est plus solide, sans aucun doute, que n'est fébrile leur hâte de mieux faire, pourquoi les sous-marins n'avaient aucun moyen de communication avec... la Surface, comment il se faisait qu'on n'eût pensé à rien de semblable.

Et les si compétents, trop compétents services, trop discrétionnairement compétents, surtout : trop exclusivement compétents, trop illusoirement compétents, trop nocivement compétents répondirent : (je cite le texte).

« Vous demandez une bouée ? Nous avons mieux à l'étude. Attendez. Des cercles pour le renflouement ? C'est enfantin. Nous avons quelque chose de vraiment scientifique à l'étude. Attendez ! » (*Journal*, 18 octobre 1906.)

Bravo ! Lestonnat ! Vous avez en quelques mots, mieux qu'on ne le pourrait faire en une longue brochure, analysé et synthétisé, tout une psychologie fantastique d'expectance.

Attendez ! Quoi ? C'est bien simple... : une ou plusieurs catastrophes... plus il y en aura, plus les Compétents auront eu le temps de compéter, et plus leur Compétoire aura de lumières... enfin ! ! !

Et Lestonnat ajoute :

« Les services compétents ressemblent à l'âne de la fable qui, ayant de chaque côté, un sac d'avoine, ne sut par lequel commencer et mourut de faim entre les deux. Qu'on me pardonne cette irrévérence. »

On vous la pardonne, Lestonnat ! On y applaudit ! Elle est de beaucoup inférieure, votre Irrévérence, à l'Incompétence des si Compétents. Et si vous comparez ces derniers, à l'âne de la fable, prenez garde que l'ânier ne vous intente une action en dommages-intérêts, pour diffamation de sa bourrique qui, elle, du moins, sut, par un scrupule de goût, mourir de faim, tandis que les Compétulants ont l'impudeur de toucher... leurs appointements, après avoir tué les autres.

Qu'ils se laissent donc vivre, mais aillent planter des choux... où ils voudront... dans le désert... parce qu'on ne sait pas ce que des choux cultivés par eux pourraient devenir et s'ils ne trouveraient pas ingénieux de remplacer, pour la fumure, les inof-

fensifs nitrates de chaux par des cyanures de po-
tassium.

Enfin, on put *exunder* le *Lutin*, et confier à la
Terre, les cadavres des victimes : quatorze hommes
d'équipage et deux officiers.

Capitaine Fépoux! et vous autres, pauvres victimes, je vous salue! Je sais que, le plus souvent,
vous êtes beaucoup plus poètes que guerriers et que
la Mer qui vous attire, ce n'est pas la Mer, le coin
de Mer où l'on se bat. C'est l'Océan, sans limites
visibles, où l'on agit sereinement, scientifiquement,
au-dessus de l'Abîme et dans le Vent. C'est l'Océan
où surtout l'on rêve. Je l'ai subie moi-même, l'atti-
rance de la grande Séductrice, et bien que j'aie connu
ses dangers — (j'étais au Commerce) —, les houles
des Açores, des Açores autour desquelles les rois
de la Mer, les beaux trois-mâts suédois et norvé-
giens, viennent, toutes voiles dehors, semblables à
d'immenses oiseaux légers et rythmiques, « chercher le
vent »; j'ai connu les « pamperos », et les typhons
d'Orient... je la regrette encore... mais, pas très amè-
rement : je ne suis plus seul !

Je continue ma lugubre énumération de catastrophes.

Le 8 novembre 1906, à midi trente, à bord du cuirassé *Charles-Martel*, une équipe de marins s'occu-
pait de rentrer dans le magasin une torpille qui
avait été lancée, le matin, et devait avoir, encore,
trente atmosphères de pression dans sa chambre à
air.

L'engin avait été placé sur un chariot, mais, par
suite d'un mauvais aiguillage, il tomba et le choc
détermina l'explosion de la chambre à air.

Les débris du métal, projetés avec violence, attei-
gnirent tous les marins qui se trouvaient là.

Le quartier-maître torpilleur Louis Varence fut plus
particulièrement mutilé et eut le pied droit arraché.

Le docteur Roux, médecin principal du *Charles-Martel*, dut procéder, d'urgence, à l'amputation du membre, mais les nombreuses fractures et les plaies dont il était couvert, laissaient peu d'espoir, et, à trois heures cinquante, le malheureux rendait le dernier soupir.

Le quartier-maître mécanicien Antonin Delhomme fut également grièvement atteint. Il eut le bras gauche fracturé et portait de nombreuses plaies contuses sur tout le corps. Son état inspire (14 novembre) les plus vives inquiétudes. Il a été transporté à l'hôpital maritime...

Une dépêche de Verdun (7 novembre 1906) nous faisait connaître qu'une sentinelle avait été terrassée par deux individus et frappée, par l'un d'eux, d'un violent coup de couteau, au côté gauche de la poitrine. Le soldat ne dut son salut qu'à la bretelle de son sac qui fit dévier le coup.

Quels étaient les criminels auteurs de l'attentat ? Mystère !

Toujours est-il que s'il n'y avait pas, en certains lieux, des réserves nationales d'explosifs, le vol ou l'explosion instantanée de ceux-ci, ne tenterait pas les consciences en délire.

Je crois que cette énumération de drames accomplis, en un seul pays, en un si court laps de temps, me dispense de pousser mes recherches plus loin dans l'Espace et dans la Durée.

Partout où il y a préparatifs de guerre, il y a Mort latente, et, parfois, celle-ci sévit sans qu'on la sollicite.

Les Désastres négatifs
de la Guerre en Temps de Paix

J'explique, tout de suite, ce titre.

Par « désastres négatifs » j'entends la somme énorme de bien que l'on pourrait faire, mais que l'on ne peut faire, parce que la préparation à la guerre absorbe les forces vives et les ressources financières des nations.

Et, à ce point de vue, encore, je ne parlerai que de ce qui se passe en France.

La France n'est point un pays pauvre — on le sait — les Maux qu'elle subit du chef de la Paix armée peuvent donc servir d'exemple et d'exemple suffisamment convaincant.

Et, à ce point de vue, encore et encore, je n'aurai pas besoin — malheureusement — d'étendre mes investigations au delà d'une période de... **QUINZE JOURS** (les plus récents à la date où j'écris).

Nous y trouverons, lecteurs ! suffisamment d'arguments.

Le 25 octobre 1906, M. André Lefèvre (conseiller municipal de Paris) écrivait, dans le *Journal*, un remarquable article (fait avec une compétence qui n'est plus à louer... il y aurait trop à dire).

Je le résume très brièvement : il est absolument urgent d'accorder, aux vieillards de la Capitale (aux vieillards pauvres, bien entendu), un secours mensuel. Ce secours sera-t-il de 20 ou de 30 francs ?

20 francs, c'est peu ; **30** francs, ce n'est pas grand'chose ! Mais la Ville ne pourrait accorder **30** francs qu'avec l'aide de l'Etat. Dans le premier cas, la dépense serait de 12 millions, dans le second de 18 millions.

Aveo 20 francs le vieillard pourrait manger pour 0 fr. 66 par jour, mais loger... où? A moins... qu'il ne mange pour 0 fr. 86 et aille coucher (?) moyennant 30 centimes, dans les taudis vermineux que l'on connaît, où l'homme est la proie des poux plus terribles que le Vautour de Prométhée. Avec 30 francs il pourrait louer une mansarde (très mansarde) pour 10 francs et alors mener une existence luxueuse, à raison de 0 fr. 66 par jour: nopces et festins réconfortants pour un vieillard! surtout s'il est seul! Mais 30 francs! c'est impossible! L'Etat ne peut pas les donner: il est trop pauvre.

M. André Lefèvre, lui, rappelle, à l'Etat, qu'il est devenu propriétaire des téléphones... d'une façon presque indélicate: en se refusant à payer les droits acquittés par l'ancienne Société pour droit de passage dans les égouts. Aux réclamations de la Ville, l'Etat répondait: « Louis XIV! c'est moi! »

Mais, cependant, la Cour de Cassation, après avoir consulté beaucoup de textes, conclut: « Vous ne devez pas, Etat! être Louis XIV, car nous sommes, à peu près sûrs, selon d'assez vieux papyrus, que nous sommes en République. Or, comme nous sommes en République, veuillez donc payer ce que vous devez à la Ville de Paris! »

Mais l'Etat, sarcastique, répondit: « Je ne suis pas Louis XIV! c'est entendu. Mais je suis Napoléon! La perruque ne me gêne pas, au moins, et en ma qualité de Napoléon, j'ai un Code qui porte mon nom! Vous vous croyez en République, puérils, enfantelets municipaux. Eh! bien! soyons-y, si cela vous amuse. Mais MON Code est-il, oui ou non, encore en vigueur? Eh! bien! je vais m'en servir de mon Code. Et vous allez voir s'il est hilarant, mon Code!

« Vous avez lu, dans mon Code, le chapitre des prescriptions. En son essence, je daigne vous le rappeler, ce chapitre sacré des prescriptions stipule qu'au bout de cinq ans, certaines dettes de Moi à Vous, peuvent être considérées par Moi, comme nulles et non avenues. Je vous dois beaucoup d'argent — je m'en flatte ! — mais, je ne vous en paierai que... la queue, la légère queue frisée des cinq dernières années... le reste... presque rien ! huit ou dix ans de redevances que vous vous estimiez dues... le reste : eh ! bien ! balai de crin ! pour le reste, comme dit, en sa verdoyante langue, notre oncle Demos !

Vous plaiderez encore ? Soit ! Vous y mangerez pas mal d'argent, à votre procédure... pas mal d'argent de vos contribuables ; ils oublieront de vous réélire, vos contribuables qui sont vos électeurs... Du chantage ! vous appelez mon petit procédé du chantage ! Quel toupet ! pour des gens ayant encore moins de perruque que moi ! Quel toupet pour des chauves ou des chevelus que guette la calvitie ! N'insistez pas ! Sinon, je vous intente un de ces petits procès...»

Et l'Etat s'en fut, guilleret, non sans murmurer :

— Que vais-je donc faire de leurs millions ? J'hésite : des chemins de fer ?... C'est si encombrant !... des hôpitaux ?... c'est trop triste !... favoriser la culture du blé national ?... Bah ! n'y a-t-il pas les Etats-Unis et l'Argentine ? Non ! je vais faire des sous-marins ! La navigation sous-marine ! C'est un sport si gai !

Mais, j'abandonne mon pays : il ne détient pas le monopole des absurdités tragiques.

Le 29 octobre 1906, la *Gazette de Voss* se plaint — au nom des masses pauvres — de la cherté de la viande, résultant de l'extrême limitation du nombre des porcs dont l'importation est autorisée.

Le maire de Dantzig a informé le conseil municipal qu'il n'avait pas reçu de réponse à une pétition qu'il avait envoyée, à ce sujet.

Le même jour, la ville de Dortmund adressait, elle aussi, une pétition au chancelier, en établissant, péremptoirement, que **95 0/0** des habitants souffraient de la cherté de la viande.

Le chancelier n'a pas répondu et, s'il eût répondu, il n'eût pu dire que ceci : « Je n'ignore pas les duretés de la situation, mais, non seulement, *je ne peux pas* y remédier, mais *je ne peux même pas* en parler. Si j'en parlais, que me répondraient les *agrariens?* Et si je mécontente les *agrariens*, comment *bouclerai-je* mon budget de la guerre ? Voilà le fond de ma pensée. Mais je parle très bas : l'Europe écoute ! »

L'Europe écoute, en effet, M. de Bülow ! Mais ne croyez pas qu'elle se réjouisse beaucoup de votre embarras. Votre embarras n'ouvre pas des horizons bien radieux à ses besoins d'exportation... chez vous.

Mais... chez nous ! vous savez où nous en sommes !... Peut-être, pas minutieusement ? Ecoutez donc. Et, pour un peu... rabelaisiens que soient certains détails, je m'en voudrais, de ne pas les citer.

Eh bien ! nous en sommes à ce point que notre budget de la guerre... vous en connaissez, très certainement, beaucoup mieux que moi, les exigences et les ressources, se trouve impuissant à... à quoi ? A doter (rien, du coffret des bijoux de Marguerite) à doter nos casernes de latrines convenables ou tout au moins inoffensives.

Et ce *desideratum*, très positivement désirable, qui donc l'expose ?

Pas des antimilitaristes, oh ! non ! Paul et Victor Margueritte, fils du général Margueritte, tué, comme vous le savez, à la tête de ses troupes, en 1870.

Et, c'est ainsi que nous, pays riche, nous ne pouvons donner à nos soldats le moyen de... d'achever leur digestion qu'en s'empoisonnant et en empoisonnant les autres.

Je m'en voudrais d'insister, plus longtemps, sur ce... terrain (! ?)

Le *Journal* du 28 octobre 1906, annonçait qu'il était question, en haut lieu, d'introduire l'étude de la psychologie et de la sociologie à Saint-Cyr. Je me demande, avec beaucoup plus d'ahurissement que d'admiration, à quoi servira la psychologie, et quelle psychologie il conviendra d'enseigner à de futurs officiers.

Sera-ce celle d'Herbert Spencer ? celle d'Herbert Spencer qui commence par la Biologie, laquelle débute par la formule de l'Albumine, d'après Mueller.

Je nous en félicite, parce que bien faire sentir à des soldats, les rapports intimes qui les rapprochent du blanc d'œuf (même pas du jaune ! hélas !), c'est l'inverse d'un hymne guerrier, d'un hymne « à la Tyrtée ». Allez donc chanter la Marseillaise, avec ce bémol dans les paroles :

Allons ! blancs d'œufs de la Patri...i...e !
un seul vers devrait suivre :

Le jour d'l'omelette est arrivé !

Enfin ! je fais des concessions ! N'enseignons pas Herbert Spencer aux Saint-Cyriens.

Peut-être, le subtil Hamilton leur conviendrait-il mieux !

Par exemple, la théorie si jolie, si ingénieuse des « associations d'idées », ne serait certainement pas sans les aider à retenir la nomenclature du fusil « 1886 ». Entendez-vous — en rêve — cette *théorie* :

« Le fusil, modèle 1886 ! ah ! pour bien vous rappeler « fusil », pensez à... vin du Rhin, qui sent la pierre à fusil ! Pour bien vous rappeler modèle... eh ! eh ! eh ! pensez à la jolie fille qui a servi de modèle pour la Vénus de Milo ! Je l'ai beaucoup connu Milo : il était caporal à la 8e du 2, il y a quatre ans. Mais il n'avait pas de Vénus... à lui... personnellement, du moins ! Quant à 1886 ! c'est plus simple, beaucoup plus simple : comptez : $(1 + 8 = 9 + 8 = 17 + 6 = 23 - 6 = 17 - 8 = 9 - 8 = 1)$ Total : 1886 ! Vous riez ! C'est que vous ne savez même pas faire une addition ! Total 1886 : divisez, par $4 = 47...$ 47 et une virgule. Non ! je voulais dire : 470 et une virgule. Maintenant, multipliez par $\pi = 3,1416...$ et, ça vous donne un fusil... en cercle, le vrai fusil pour tirer... indéfiniment.

... Où en étais-je donc ? ah ! oui ! quand le factionnaire aperçoit un officier supérieur, que fait-il. Il le salue, comme de juste, mais pas avec son chapeau, puisqu'il n'a qu'un képi. Il ne salue même pas, *il rend les honneurs !* Ce n'est pas du tout la même chose ! On ne peut pas rendre les honneurs à tout le monde... ainsi, tenez ! la Vénus de Milo.... c'était impossible de lui rendre son honneur, à elle. Les cinq Académies y auraient passé, à travers son honneur ! sans le lui rendre, bien entendu. Mais je ne sais pas pourquoi je vous parle de pareilles bêtises... Où en étais-je... à la meilleure façon de se rappeler ce qu'on dit... ou ce qu'on vous dit... eh ! bien ! c'est celle-là... vous le voyez bien ! »

Fort heureusement, on ne songe pas à préconiser l'enseignement de la Métaphysique, ni de l'Ontologie, ni de l'Arithmologie, dans les casernes. Sinon ! les théâtres gais feraient faillite. On ne conçoit pas bien le respect hiérarchique fondé sur ces simples mots d'Hœckel : « Vénérable amphioxus ! » Ou si la hiérarchie commence par la vénération de l'Amphioxus, ce premier vertébré, on ne pourrait « rendre les honneurs » à un général de division qu'en se précipitant du haut d'une colonne... assez haute, un drapeau, dans chaque main, et en criant (?) « Général ! Salut ! » jusqu'à... la fin.

Et c'est à ces... gaietés, qu'on pense *en haut lieu.* Que ce lieu est donc haut ! en effet. Ce ne peut être que le plus haut échelon d'une échelle juchée au dessus de la soupape d'un ballon lâché au sommet du Gaurisankar! A ces altitudes, on a le droit de ne plus, très nettement, saisir le jeu des vagues contingences !

Mais ce n'est peut-être pas extrèmement pratique.

Cependant, je ne ris pas trop, car lorsqu'on songe à enseigner la Sociologie, dans les casernes, on est bien près d'aboutir à la suppression de la caserne.

Car, même en n'y enseignant que la plus anodine, la moins révolutionnaire des sociologies, encore s'en dégagerait-il assez d'arguments contre « le bonheur sous les armes » pour qu'on pût attendre, à bref délai, la formule du « bonheur sans les armes ».

Lecteur! j'ai, sans doute, discuté, ici, peu gravement, des matières graves.

Que voulez-vous? je n'y puis rien! Il y a des matières graves que je suis incapable de contempler, sans rire... un peu.

La Guerre et l'Économie générale

Lorsqu'on parle de la Guerre et de l'Economie générale, un nom s'impose : celui du grand et regretté Jean de Bloch. Nul n'a su, autant que lui, condenser en pages serrées, en documentation succincte mais éclairée, ce que l'on a écrit de plus positif, sur les Maux de la Guerre.

Son article sur « *l'Allemagne et la Paix Armée* (Revue des Revues, 15 novembre 1900) est le monument le plus solide et le plus concis que l'Homme ait pu dresser, à l'encontre du Fléau.

Je ne ferai donc que le citer.

« D'après le général Von der Goltz, les guerres ne pourront se terminer autrement que par la complète destruction (*(Vernichtung)* de l'un des belligérants ou par l'épuisement entier des deux. »...

« Le sous-secrétaire d'Etat (anglais) pour la guerre, M. Brodrick a, solennellement, déclaré au Parlement anglais que «les résultats de la guerre du Transvaal sont de nature à consolider la paix européenne; car ils prouvent qu'un petit nombre de troupes armées d'engins modernes se tenant sur la défensive peut résister longtemps à des adversaires bien plus nombreux et leur infliger des pertes écrasantes. »

«Cet état de choses a fait dire au chef de l'armée la plus nombreuse du monde, lorsqu'il convoqua la Conférence de La Haye, que « les charges financières motivées par les préparatifs pour la guerre suivent une marche ascendante et atteignent la prospérité publique dans sa source; que cette situation, en se prolongeant, conduirait, fatalement, au cataclysme même qu'on tient à écarter et dont les horreurs font frémir, à l'avance, toute pensée humaine. »

« C'est parce qu'une connaissance scientifique de l'étendue et de la portée de ces progrès *(scientifiquement militaires)* est aujourd'hui possible que des militaires des plus distingués, peu à peu, commencèrent à douter de la possibilité de mener les opérations à bonne fin. En étudiant la guerre franco-allemande de 1870, ils ont été amenés à se demander si, à l'avenir, les armées pourront supporter les pertes qu'elles auront à subir, dans l'hypothèse où la guerre se ferait, à peu près, comme par le passé. En 1870, les forces étaient inégales : 1 million 200,000 Allemands contre 336,000 Français, dont seulement 180,000 ont pu combattre, faute d'une bonne organisation de l'armée, et, en un mois et demi, ils mirent hors de combat 87,000 Allemands, principalement à coups de fusil, puisque l'artillerie française ne put presque pas agir.

Puis vint la guerre de 1877, entre la Russie et la Turquie.

Un corps d'armée turc, à Plewna, a tenu en échec,

l'armée russe pendant quatre mois et lui a fait subir, à chaque assaut, des pertes variant entre 36 et 26 0/0. »

« Aujourd'hui, en épaulant le fusil et tirant droit devant soi, tout le terrain, sur une distance de 700 mètres, sera balayé comme par une faux. »

« Le tir est deux à trois fois plus rapide qu'en 1870,... en outre les balles sont lancées avec une telle force que chacune d'elles peut traverser jusqu'à 5 hommes. Ajoutons que le choc contre un objet dur déchire l'enveloppe et les débris se transforment en projectiles qui foudroient à leur tour. »

« ... La puissance de l'artillerie s'est tellement accrue que, en calculant sur les proportions des pertes d'autrefois, on arrive à cette conclusion absurde, qu'il y aura beaucoup plus de tués que d'hommes en présence. »

« Les calculs faits démontrent que les armées de la Double et de la Triple Alliance, d'après les généraux prussiens Müller et Rohne, qui sont sensiblement d'accord, ont dans leurs caissons de quoi tuer ou blesser, avec le canon, plus de *onze millions d'hommes.* »

« Mais une autre arme d'une importance énorme a encore surgi : *les mitrailleuses qui lancent une grêle de balles et ont encore cette faculté que, pendant le tir, la direction donnée à leur ligne de mire, au commencement du tir, ne change pas.* »

« Les blessés vont périr, non seulement de suites de leurs blessures, mais tout bonnement de faim et de soif, les batailles devant durer des journées entières. »

Le général Haeseler, commandant en chef des troupes, en Alsace-Lorraine, disait, récemment, aux manœuvres : « Si les perfectionnements continuent, il ne nous restera pas, après une bataille, assez de survivants pour enterrer les morts. »

« Il serait absurde d'admettre que l'impulsion actuelle vers le perfectionnement des moyens techni-
ques servant à l'attaque et à la défense puisse s'arrêter.

**AUSSI DES MILITAIRES ONT COMMENCÉ A
DOUTER DE LA POSSIBILITÉ D'AMENER A
BONNE FIN, UNE GUERRE ENTRE GRANDES
PUISSANCES. »**

« Le général Von der Goltz dit : « La bataille fu-
ture est un sphinx dont personne n'a encore deviné
l'énigme. »

« Le général Von Janson dit : « Chaque attaque,
partout, durera, au moins, deux jours. »

« Le général Langlois : « Il faudra 500 obus par
pièce, car les batailles dureront cinq jours. »

« Le capitaine Nigotte dit que leur durée sera de :
« Quinze jours. »

« Fritz Hœnig, écrivain militaire, prévoit « un retour au temps des sièges ». Belgrade, Mantoue, Plewna, se répéteront. »

« Si l'on peut ajouter foi à la citation aussi faite
par M. Lapradelle *(La Conférence de la Paix)*, l'Empereur Guillaume II, après lecture du mémoire que
lord Salisbury a fait rédiger en 1890, résumant, avec
précision, les dépenses et les charges occasionnées
par la paix armée fit immédiatement l'offre de con-
voquer un Congrès européen, pour y remédier ; ce
projet échoua uniquement par suite de l'attitude de
la France. Puis c'est le Chancelier de l'Empire Allemand, Caprivi, qui, dans son discours de Dantzig
resté célèbre, a dit, comme représentant du gouvernement impérial, « qu'il croit possible que le siècle
qui vient s'efforce de réunir tous les peuples de
l'Europe, en une seule fédération ».

« Telle était la situation, lors de la Conférence
de la Haye. On voit combien étaient sérieuses les

raisons qui l'ont fait réunir et justifiées les paroles de la circulaire qui dit :

Que « les charges financières motivées par les préparatifs pour la guerre, suivent une marche ascendante et atteignent la prospérité publique dans sa source; que les forces intellectuelles et physiques des peuples, le travail et le capital sont, en majeure partie, détournés de leur application naturelle et consumés improductivement; que les crises économiques, dues, en grande partie, au régime des armements à outrance et au danger continuel qui gît dans cet amoncellement de matériel de guerre, transforment la Paix armée de nos jours en fardeau écrasant que les peuples ont de plus en plus de peine à porter; qu'il est évident, dès lors, que, si cette situation se prolongeait, elle conduirait fatalement au cataclysme même qu'on tient à écarter et dont les horreurs font frémir, à l'avance, toute pensée humaine. »

« Pas une seule puissance ne sera en état de mobiliser la moitié de ces millions d'hommes, faute de moyens pécuniaires, et par suite de la suspension de toute vie sociale à l'intérieur. »

« Le chancelier de Caprivi a dit, en plein Parlement allemand : « Les nations sont atteintes de la folie des nombres. »

« Aujourd'hui, plus que jamais, la guerre serait un suicide atroce pour l'ordre actuel, en Allemagne. De pays agricole elle est devenue un pays industriel et commercial. Sa production lui suffisait, en 1871. Quinze ans après, elle importait déjà 2,700,000 tonnes de blés étrangers; en 1897, ce chiffre monte à 7,500,000... En mobilisant 4 millions d'hommes, elle se privera des bras qui fournissent 9,000,000 de tonnes de nourriture. 84 0/0 de ses producteurs de charbon seront appelés sous les drapeaux. Le lendemain de la mobilisation, la vie sociale s'arrêtera, parce que la presque totalité des bouchers et des boulangers seront sous les drapeaux. »

« Dans certaines provinces industrielles de l'Allemagne, il n'y a de blé que pour quatre-vingt-dix jours : tout le reste doit être importé. »

« Au cas où un conflit eût éclaté, en 1869, entre les pays qui constituent maintenant la Triple alliance, d'une part et la France avec la Russie, de l'autre, le total des forces militaires, de toutes sortes, mises en jeu n'aurait atteint que 5,230,000 hommes. Actuellement, il s'élèverait à *17,500,000 !* »

« Le jour où l'Allemagne aura vu clair ,dans son propre avenir, nous assisterons au triomphe définitif des aspirations pacifiques des peuples. »

Voilà ce qu'a dit Jean de Bloch.

Je n'ajouterai à ce plaidoyer substantiel, pour la Paix, qu'une phrase :

L'Allemangne, en la personne du Kaiser, vient de voir clair.

Considérations économiques
complémentaires

Pour le maintien d'un système militaire que l'on affirme uniquement défensif, de toutes parts, nous venons déjà de voir, d'après le très documenté Jean de Bloch, ce qu'il en coûte.

Examinons, de plus près, encore, cette question majeure. Car c'est en y insistant, en la retournant sur toutes ses faces, que nous trouverons les arguments les plus solides, contre la guerre.

Qu'a donc coûté à la France, l'Alliance défensive contre X avec la Russie ?

Il lui a fallu mettre celle-ci en état de s'armer et de constamment renouveler son armement.

Et je ne pourrai mieux faire, ici encore, que de citer un auteur anonyme mais admirablement renseigné et qui a eu la modestie de signer « Un ami de l'Alliance », dans « La Revue » du 15 mars 1905.

Après avoir examiné les chiffres divers donnés par les organes spéciaux, il s'arrête à celui de **NEUF MILLIARDS** — presque le double de la rançon de 1870 — comme total des capitaux français exportés en Russie.

« Ajoutons, dit l'auteur, que tous les milliards empruntés par la Russie ont été surtout dépensés en des armements entièrement vains ou en des travaux peu productifs, dont ceux de Port-Arthur donnent une idée plutôt triste et peut-être aussi en des vols sans limites commis par ses fonctionnaires.

« Ses usines métallurgiques n'ont été créées qu'en prévision de commandes de l'Etat et, une fois que celles-ci seront arrêtées faute de ressources, nous assisterons à leur débâcle finale. »

« Evalués à leur taux réel, nos 9 milliards n'en valent peut-être pas, actuellement, plus de huit. »

« L'article d'exportation russe reste toujours le blé. Or, sa vente va subir une baisse considérable, en présence de la nouvelle politique agraire de l'Allemagne. »

« Quelques considérations économiques, au hasard de la plume... : 47 0/0 de paysans manquent du bétail pour labourer leurs terres ; 88 0/0 sont illettrés ; 86 0/0 présentent des cas de dégénérescence graves occasionnés par le manque de nourriture ! »

A ces quelques « coupures », il me semble qu'il n'y a que bien peu de chose à ajouter :

« Ce ne sont pas les économistes qui réussiront, malgré leur zèle, à sauver la Russie, mais c'est, probablement, l'Empereur d'Allemagne par les paroles qu'il a récemment permis à M. de Bülow de prononcer et sur lesquelles, je reviendrai, vers la fin de ce travail.

Ludovic Naudeau a publié, dans le *Journal* une interview qu'il a eue du docteur Friedmann, à Saint-Pétersbourg. (2 novembre 1906.)

On sent bien, dans ce document, un effort très louable pour conjurer la panique des porteurs français de fonds russes.

Mais... cependant ! le docteur Friedmann a avoué : « *Nous ne saurions dissimuler, au public français, que si l'état de déliquescence, d'incohérence, où nous nous débattons aujourd'hui, dure encore quelques années, la banqueroute sera inévitable et, avec elle, la ruine complète de la Russie.* »

Or, je ne suis pas assez versé, en économie politique, pour calculer quelles seraient les conséquences, pour la France, d'un *krach* de la Russie, mais je sais ce qu'a produit l'indemnité de guerre de 1870-1871, additionnée aux frais, aux pertes économiques de la guerre même et point n'est besoin d'être grand clerc, en la matière, pour estimer que le maintien de la Paix Armée et de l'Alliance nous aura coûté un peu plus cher que la guerre même de 1870-71.

D'où il résulte que le vieil adage de la Sagesse (?) Romaine « *Si vis pacem, para bellum* » a fait son temps.

Nous ne voulons plus préparer la Guerre, nous voulons la Paix, sans restrictions, sans menaces... nous voulons plus que la Paix, nous voulons la Sécurité et qu'enfin l'Homme puisse agir, sous la seule volonté de Dieu, développer sereinement son activité et atteindre... enfin ! sa destinée normale... nous ne voulons plus de la Ruine, ni du Malheur.

La " Facture "

On l'a dit assez souvent : les chiffres parlent. C'est à eux que je veux laisser l'antépénultième argument et, je me contente, ici de donner la « facture » des frais de Paix Armée, pour les principaux Etats. J'emprunte toute cette documentation à la « Statistique annuelle (1906) Comparée » de M. Jean Birot, agrégé de l'Université (de France), professeur au lycée Carnot (Paris).

	BUDGET TOTAL	BUDGET MILITAIRE	% B. M. / B. T.
	francs	francs	
Allemagne	7.809.000 000	1.191.000.000	15,25
Angleterre	3.031.000.000	1.580.000.000	51,78
Autriche-Hongrie	3.144.000.000	486.000.000	15,45
Belgique	545.00 0.000	54.000.000	9,90
Bulgarie	111.000.000	26.000.000	23,42
Danemark	113.000.000	24.000.000	21,23
Espagne	965.000.000	180.000.000	18,65
France	3.623.0 0.000	1 003.000.000	27,72
Grèce	118.000.000	26.000.000	22,03
Hollande	381.000.000	94 000.000	24,67
Italie	1.872.000 000	409.000.000	21,84
Luxembourg	14.000.000	»	»
Norvège	138.000.000	31.000.000	22,46
Portugal	346.000.000	72.000.000	20,81
Roumanie	232.000.000	»	»
Russie	5.310.0 0.000	1.236.000.000	24,17
Serbie	87.000.000	19.000.000	21,84
Suède	250.000.000	103.000.000	41,20
Suisse	116.000.000	31.000.000	26,72
Turquie	420.000.000	148.000.000	35,24
Etats-Unis	2.948.000.000	1.242.000.000	42,13
Japon	793.000.000	163.000.000	20,55
Australie	»	»	»
	32.395.000.000	8.168.000.000	25,25

Je ne m'attarderai pas à démontrer qu'avec cette somme, on pourrait « faire quelque chose ».

Je ne veux pas, non plus, m'égarer en subtilités statistiques, ni essayer de déterminer combien de bien-être supplémentaire il y aurait, pour chaque être humain avec ce revenu annuel... Mais, les négresses, elles-mêmes, pourraient s'adonner au luxe de la poudre de riz. C'est assez dire !

Les Corbeaux

J'appellerai ainsi les... journaux (ce sont en effet des journaux... des journaux de notre temps, mais qui devraient avoir, au moins, la franchise de ne paraître qu'entourés de la sombre bordure des lettres de décès) les journaux qui se sont donné pour tâche, non pas seulement de *trouver*, mais d'*inventer* toutes les occasions possibles de tueries.

Il y en a un, en France : la « PATRIE » qui se signale dans ce genre.

Et, chose étonnante, mes renseignements très minutieux me permettent d'affirmer que les rédacteurs de la *Patrie* ne sont — personnellement — en aucune façon des Rodomonts, ni des Fierabras. Ce sont, au contraire, des gens très urbains, très doux même — bons, au surplus, et secourables à toutes les misères. Mais... mais ils ont reçu cette singulière éducation selon laquelle il ne peut et ne doit y avoir de sécurité et de gloire, pour la Patrie — (pas la leur) pour la grande, la vraie Patrie — que dans les armes et... dans l'emploi de ces armes. Et c'est ainsi que tout en étant très humains, ils sont susceptibles de faire, à leur pays et à l'Humanité, le plus grand mal possible.

Sans même, encore, citer d'articles, je me contenterai de donner deux « manchettes » de ce journal peu reposant :

Rapport du maréchal Oyama
Sept mille Japonais hors de combat

Ceci est du 4 février 1905, et correspond — étant donné la lenteur des communications télégraphiques, tout au long d'un immense fil... çà et là coupé — cela correspond à la bataille de Heïkoutaï. Or si nous interrogeons la statistique des pertes, statistique documentairement dressée après la guerre, nous découvrons que ce n'est pas 7,000 Japonais tués et blessés qu'il eût convenu de dire... mais 9,000 : c'est encore mieux. Mais... mais... les Russes n'avaient-ils donc pas éprouvé de pertes ? Hélas ! la même statistique nous renseigne : ce jour-là, les Russes avaient perdu 10,000 hommes, soit 1,000 de plus que les Japonais. La « manchette » pour être véridique et véritablement, philosophique, eût dû proclamer 19,000 hommes hors de combat.

Le 30 mai 1905, la *Patrie*, encore, en « manchette », annonce :

Effroyable combat
Les Lignes japonaises forcées

Or... de quel combat s'agit-il ?... De Tsoushima ! Ici, tout commentaire serait superflu !

Mais je dois déclarer qu'il y avait dans cette manière (de la *Patrie*) *d'afficher* l'Histoire, un scrupule... financier excusable... Nombreux, trop nombreux étaient, en France, les porteurs de fonds russes pour qu'il ne fût pas presque légitime de tout faire — même de mentir — pour éviter... reculer... atténuer la débâcle. La *Patrie* qui avait une grosse part de responsabilité dans l'engouement français pour les valeurs russes, se devait de tout faire, de tout essayer pour conjurer la ruine d'un incalculable nombre de pauvres gens... Car, bien entendu, la *Banque* avait pris, dès longtemps, ses précautions.

Mais le Japon ne nous suffisait pas comme ennemi (d'après la *Patrie*), voici que l'Angleterre — malgré l'Entente Cordiale — devient, elle aussi, un beau matin, notre sombre et méphistophélique ennemie. Et... devinez-vous comment...? Ne cherchez pas! ce serait peine et temps perdus. M. Emile Massard va nous le dire. Et c'est, ma foi! bien plus simple que je ne m'y attendais. L'Angleterre est notre ennemie parce qu'elle est notre amie et qu'étant notre amie elle attire, sur nous, l'attention malveillante du gouvernement allemand. C'est tout.

Mon Dieu! moi, je veux bien... j'admets que le gouvernement allemand préférerait, sans doute, voir une entente cordiale entre la France et... l'Araucanie... ou même la Suisse. Mais qu'il prenne ombrage de cela jusqu'au point de vouloir nous déclarer la guerre...

Je ne le pense pas! Si quelque chose lui portait ombrage, ô Massard! ne serait-ce pas plutôt l'alliance franco-russe que vous préconisez si chaudement. (7 juin 1905.)

Un peu auparavant, le 2 avril 1905, M. Lucien Millevoye (même journal), avait très vertement *attrapé* l'Italie, et n'avait pas craint d'écrire : « *l'Italie qui nous doit jusqu'à l'air qu'elle respire.* »

Mais non! mais non! Millevoye! je vous assure que l'air qu'on respire en Italie n'est pas de fabrication exclusivement française. Elle en respirait, déjà, de l'air... au temps... presque lontain de Numa Pompilius... et ce n'étaient pas les Gaulois qui étaient les fournisseurs d'air de S. M. Numa Pompilius.

Mais où je deviens perplexe... horriblement perplexe, c'est lorsque je vois cette même *Patrie* (18 juin 1905) prévenir cette fourbe Albion (qu'elle dénonçait si âprement comme notre ennemie, notre ennemie tout aussi acharnée qu'au temps de Jeanne

Darc) que l'Allemagne est en train de tramer, contre elle, un débarquement... (je dois vous informer, lecteur! qu'à présent (novembre 1906) ce débarquement n'a pas encore eu lieu... il est à supposer que pour un débarquement *patiemment* préparé, ce sera (quand il aura lieu) un débarquement *patiemment* élaboré! Ce n'en sera peut-être pas plus grave... pourvu qu'il continue à se *préparer*, nous ne demandons pas autre chose!

Mais!... mais! croyez-vous, candide lecteur! que l'Allemagne se contente de nous guetter (nous: la France) à notre porte... je veux dire à nos portes: départements de l'Est... Maroc... et autres vestibules. Non! elle va, un peu plus loin, nous tendre des embûches... où donc? C'est bien simple: au Vénézuela!

Vous paraissez surpris...? Mais, je vous le répète: C'est bien simple!

L'Allemagne est... représentée... financièrement et, sans doute, pas officiellement, par UN banquier. Or ce banquier a trouvé importun que la France s'occupât de soutenir la Compagnie française du câble télégraphique qui relie Caracas à d'autres câbles, dans ses démêlés avec le gouvernement vénézuélien.

Casus belli! Car, il n'y a, vraisemblablement, qu'une guerre qui puisse faire entendre à ce « *un* » banquier qu'il se mêle trop âprement de ce qui l'intéresse. Mais... alors! l'Allemagne! que fera l'Allemagne!

Malgré toutes mes recherches, je n'ai pu trouver un seul document (de la fin de 1905) relatif à une guerre navale (qui eût été, aussi, terrestre) entre la France et l'Allemagne. Et... d'ailleurs... s'il y en avait eu une... j'ai beau être, parfois, distrait, je m'en serais aperçu.

L'article de la *Patrie* qui nous menaçait de ces sombres présages, commençait par cette phrase, pour moi, positivement énigmatique : « Allons-nous avoir une affaire marocaine au Venezuela ? »

Oh ! non ! *Patrie !*

Y pensez-vous ? Transporter le Maroc sur la côte occidentale du Sud-Amérique ! Quelle opération ! Grand Dieu ! Ne serait-ce que pour les femmes de S. M. le Sultan, évitons cela !... autant que possible !

Je sais très bien que la France n'a pas le monopole des journaux... peu calmants. Mais, je ne lis pas, assez couramment, l'Allemand pour me mêler de la critique de ces organes belliqueux... d'entre le Rhin et la Vistule. Au surplus... il ne manque pas en Allemagne de critiques pour ce genre de... littérature. Je ne m'en occuperai donc pas.

Enfin ! me sera-t-il permis de déplorer que le *nationalisme* acerbe, exerce sa troublante malaxation, même dans le domaine de la science.

Il y a eu, ces temps derniers (novembre 1906) de retentissantes polémiques entre médecins allemands et médecins français (je ne les nomme pas, ne voulant pas me faire l'écho de ces querelles *beaucoup trop* personnelles.)

Eh ! mon Dieu ! Messieurs les Docteurs ! ne savons-nous pas que vous êtes les uns et les autres d'illustres, *d'excellents* savants. Ne savons-nous pas que votre ardeur est noble, entre toutes, et ne trouvons-nous pas légitimes certaines colères de votre part ? MAIS ne perdez pas de vue qu'une entente entre vous serait bien plus profitable à la haute Cause dont vous êtes les défenseurs. N'oubliez pas que NOUS : le *vulgum pecus* nous comptons sur votre science, à l'un et à l'autre et que c'est NOUS les véritables intéressés. Ce que je dis là est un peu égoïste... mais défendre la Cause de la Paix, c'est, je vous l'assure, de l'égoïsme... un peu généralisé et c'est pour cela que je souhaite que la Paix règne entre vous... et surtout que, lorsque vous jugez le duel inévitable... vous ne nous preniez pas, nous les *intéressés* comme *témoins*.

Témoins ! nous ne pouvons pas l'être, parce qu'intéressés.

Et s'il est permis d'affirmer qu'il y a *quelque chose* pour quoi les nationalités sont un peu étroites : c'est la Science.

Et bon gré, malgré, vous nous en donnez, tous les jours, la preuve.

Enfin (*bis* ou *ter*) pourrai-je insister auprès de quelques journaux importants pour qu'ils veuillent bien renoncer à la publication de romans-feuilletons... trop patriotiques.

Je n'en citerai qu'un (parce que c'est celui auquel je suis abonné, auquel je me félicite d'être abonné) : le *Journal*... dont la haute tenue littéraire est connue.

Eh bien, *Journal*, vous publiez, en ce moment, un roman-feuilleton (La duchesse... X...) dans lequel l'auteur fait revivre les épisodes horribles de la Guerre de 1870-71. Oh ! je sais bien ce que vous allez me répondre : « Nous avons des lecteurs qui nous demandent ce genre-là ! »

Journal ! un organe qui, comme vous, a d'innombrables lecteurs, DOIT s'occuper de ceux de ses lecteurs qui demandent des *guerreries*... mais pour leur demontrer leur erreur.

Etant, d'autre part, l'impartialité même, et le très bon vulgarisateur, vous vous devez cela. Et, croyez-moi, vous n'y perdrez rien.

Le Rôle politique des États-Unis

Il m'est arrivé, déjà, au cours de cette brève étude, de signaler le rôle peu apaisant des Etats-Unis, en certaines circonstances graves.

Mais j'ai eu le soin de déclarer qu'il ne faudrait pas juger de tout un grand pays par quelques-uns de ses citoyens, ni même par ses journaux ou, du moins, par la plupart de ses journaux.

Le malheur est que, parfois, ce n'est pas cette infime minorité qui nous donne des inquiétudes, mais bien l'énorme, l'imposant polynôme des politiciens, des industriels et des financiers.

Je passerai, *rapidement*, sur ces *nuages* pour n'en rien laisser subsister... pas même le souvenir... ou, plutôt, pour n'en laisser subsister que le ferme espoir d'une plus sereine utilisation des forces immenses de ce très grand pays.

Et, pour ne pas insister plus qu'il ne convient, je me contenterai de donner quelques dépêches qui sont toute l'histoire de l'essai d'intervention des Etats-Unis, à Cuba... à Cuba qui faisait assez aventureusement l'apprentissage de l'indépendance.

Londres, 16 septembre 1906. — « Le gouvernement américain ne veut pas annexer Cuba jusqu'à ce que ses efforts pour rétablir l'ordre, dans l'île, sous l'administration actuelle, aient complètement échoué.

« Le président des États-Unis désire que tout ce qui est possible soit tenté afin de préserver l'intégrité de la République cubaine.

« En dernier ressort, il envoie, avant même l'intervention armée, M. Taft, secrétaire du ministère de la Guerre, et M. Bacon, sous-secrétaire d'Etat, comme représentants du gouvernement des Etats-Unis, à la Havane.

« Ils ont pour mission de conférer avec le président Palma et avec les insurgés et d'essayer de ramener ces derniers à la paix. »

Cela était fort bien ou, du moins, aurait été très bien SI *l'annexion de Cuba* n'avait été considérée comme plausible *a priori*, et SI n'avait été, également, envisagée *l'intervention armée.*

Et, à ce dernier point de vue, des dépêches d'Annapolis, de Washington et de Newport, en date du même jour (16 septembre 1906), annonçaient un commencement de mobilisation.

Le 17 septembre, une dépêche, de Washington, nous apprend « qu'à la suite des mesures prises par le gouvernement, en vue d'une intervention éventuelle à Cuba, les Etats-Unis pourraient débarquer 5,000 marins et soldats d'infanterie de marine en quatre jours. »

Londres, 21 septembre. — Le *Standard* annonce que le général Barry, sous-chef d'état-major général de l'armée américaine, est actuellement à Londres et a reçu par télégramme, l'ordre de rentrer, d'urgence, en Amérique.

New-York, 22 septembre. — « Suivant les informations de la Havane, MM. Taft et Bacon ont virtuellement abandonné tout espoir d'effectuer un compromis, ils craignent qu'une décision en faveur de l'une ou de l'autre partie ait pour réel résultat de ne ramener que temporairement le calme et ils estiment que l'occupation américaine est le seul moyen de mettre fin à la guerre civile.

« Personne ne se fait d'ailleurs d'illusion sur ce point que l'intervention des Etats-Unis doit être suivie de l'établissement de la souveraineté américaine sur l'île. »

Enfin, le 23 septembre, une dépêche de la Havane nous annonce que la paix paraît proche, sans l'intervention des Etats-Unis.

Et, le 29 septembre, CEPENDANT, une autre dépêche fait savoir que M. Olivier faisant fonctions de ministre de la Guerre, prépare une expédition de 5,500 hommes pour partir, le plus tôt possible, à Cuba.

Et les choses en sont là — ou à peu près — au moment où j'écris.

Faut-il voir, dans les quelques faits que je viens de relater, le maintien ou l'extension du principe de Monroë ?

Dans un cas comme dans l'autre, je pense qu'il serait, tout au moins, utile de revoir le principe de Monroë, de l'éclaircir et, s'il prête à des interprétations dangereuses, de l'abroger... avec le plus grand respect.

Mais, tout récemment, un Américain, le très milliardaire M. Rockefeller a eu l'occasion de montrer que le principe de Monroë se peut entendre de diverses façons.

Et je finirai, par là, cette brève notice, pour montrer que, parfois, les questions les plus sérieuses, traitées de certaine façon, peuvent ne pas être indignes d'un très bon vaudeville.

Le Japon, on le sait, avait réclamé à la Russie, une indemnité de guerre. Mais la pauvre Russie était fort mal en point. Un journal français, le *Matin*, eut une idée... fraîche... comme son nom... une idée vraiment matinale.

A l'aube d'un beau jour d'été (27 août 1905), le *Matin* eut donc cette idée si suavement printanière.

Il prit sa plume — de bengali — la trempa dans de l'encre azurée et rédigea cette dépêche :

JOHN D. ROCKEFELLER.

Cleveland Ohio.

*« Une question d'argent menace de déchaîner à nou-
veau, avec un redoublement de violence, le fléau de la
guerre.*

*Le président Roosevelt fait de nobles et héroïques
efforts pour terminer une lutte qui met aux prises deux
nations dont la population égale le septième de celle du
globe tout entier. Son initiative honore l'Amérique
devant les nations civilisées.*

*On se demande si un autre Américain ne voudra pas
s'associer à la gloire du président Roosevelt et achever
son œuvre, en supprimant le seul obstacle qui, actuellement, s'oppose à la paix. Il enseignerait ainsi ce que
peut la force financière maniée par une main puissante
et généreuse.*

Le Matin, *se faisant l'interprète de ce sentiment,
s'adresse au plus riche citoyen du monde.*

*Ne pensez-vous pas qu'en prenant, à votre charge, le
paiement de l'indemnité réclamée par le Japon, vous
apporteriez un sublime couronnement aux œuvres grandioses et généreuses que vous avez déjà entreprises, et
que, par ce geste, à jamais historique, vous montreriez
quelle est la puissance d'un seul homme pour le bien
universel ?*

*Il est en votre pouvoir d'empêcher que la guerre se
rallume, pour une somme que votre propre fortune
vous permettrait de payer deux fois. Vous donneriez
ainsi une leçon mémorable à ces deux empires qui semblent attacher plus de prix à l'argent qu'à la vie
humaine, vous épargneriez à l'humanité la honte d'un
conflit qui désormais ressemble au procès de Shylock,
puisque c'est la rançon du sang d'un million d'hommes
qui est en jeu.*

LE MATIN.

Mais M. Rockefeller tint à montrer qu'il n'avait, dans l'âme, aucune mesquine sensiblerie... il dédaigna de prendre sa plume (une plume solide et un peu rêche : une plume en bois) mais laissa connaître ses intentions... que le *Matin* eut la belle franchise de publier :

New-York, 29 août (via P. Q.). — Dépêche particulière du *Matin*. — Un télégramme de Cleveland au *World* dit qu'on annonce à Forest-Hill, résidence de M. Rockefeller, que celui-ci aurait décidé de ne pas répondre à la dépêche du *Matin*.

Et voilà comment le *Matin* put être accusé, par des gens grincheux, d'avoir perpétré un tout petit *bluff*.

Rayon d'espoir

Ce serait, cependant, une faute grave que de passer sous silence le « Message » que le Président Roosevelt vient d'adresser au Congrès (4 décembre 1906).

Ses paroles contre l'ostracisme des Japonais, contre le lynchage, en général, et contre le lynchage des nègres, en particulier, sont les fruits mûrs d'une conscience très haute et très droite.

Sans doute, les dernières lignes du « Message » ont trait à l'augmentation des forces militaires.

Mais, ici, son rôle lui est, sans doute, dicté bien plus par sa fonction que par sa pensée... intime.

Et c'est assez beau pour un chef d'Etat *moderne*, harcelé par tant d'influences, d'être, intégralement, le « *vir probus* », pour qu'on lui fasse crédit du temps nécessaire pour devenir un peu plus « Surhomme ».

Considérations accessoires
mais importantes

Il ne me reste plus à formuler que quelques observations, quelques *desiderata* qui, si j'avais le bonheur de les faire bien entendre, pourraient, dans une mesure utile, faciliter l'avènement du règne du Mieux.

Déjà, les humains presque innombrables qui constituent les Nations pensent ce que je pense à propos de la Guerre et je ne prétends à aucun mérite autre que d'avoir coordonné leurs propres convictions.

Les agioteurs, les industriels, les commerçants et les très rares grands chefs militaires pour lesquels la Guerre peut être une source de richesse et d'honneurs ne constituent qu'une infime minorité.

Mais, tout de suite, je tiens à déclarer que l'abolition de la Guerre ne trouverait, même pas en eux, des adversaires.

Dans l'état de choses existant, ils ont cru très honorable et quelque peu avantageux de se vouer à la préparation à la guerre et, encore, dois-je reconnaître que les chefs militaires ne sont, pécuniairement, que peu récompensés de leur soumission à des règlements draconiens.

Car, n'y a-t-il pas, de leur part, une sorte d'abnégation — mal placée, je le concède — dans cet abandon à peu près complet de leur personnalité ?

Et cet abandon ne me paraît pas contestable, puisque, pour l'acte le plus grave de leur vie, pour le mariage, ils sont soumis à la plus odieuse tarification.

Il faut, on le sait, que leur fiancée prouve *officiellement* qu'elle a une dot de *tant...* pour que le mariage soit autorisé.

Dès lors que se passe-t-il... souvent. C'est que la

fiancée n'ayant pas la dot réglementaire, mais ai-
man... passe outre. Ce qui arrive plus fréquemment
encore, c'est que l'officier (sans fortune) ne trou-
vant pas à se marier *réglementairement* prend une
maîtresse. Sa vie se complique alors des naissan-
ces illégitimes et... parfois... de drames navrants :
suicides ou meurtres commis dans un brusque ef-
fluve trop violent de désespérance.

Que l'armée cesse donc d'être et ces milliers de
malheureux pourront, presque du jour au lendemain sans contrainte aucune, utiliser, avantageuse-
ment pour eux-mêmes et pour autrui, leur science
et leur initiative.

Les capitaux dévolus aujourd'hui à la Guerre, ne
sont-ils pas suffisants pour créer assez d'industries
pour que les *parias* décoratifs qu'ils sont, puissent
y trouver un emploi meilleur et plus lucratif de
leur intelligence et de leur zèle méthodique.

Les mieux doués d'entre eux y feraient merveille
et fortune. Il est certain, en effet, que les cerveaux
observateurs et puissants qui ont su inventer la *poudre
prismatique*, qui ont su faire déflagrer chaque grain
de la matière explosive, suivant une *résultante* mathé-
matiquement ordonnée et qui ont ainsi pénétré jusque
dans l'intimité de la matière, il est certain que ces
cerveaux-là, utilisés dans l'industrie... utile, y accom-
pliraient des merveilles et vaudraient qu'on leur donnât
des appointemen s... des *listes civiles* princières.

Il est certain que l'ingénieur qui sait déterminer
la coupe du flanc d'un cuirassé selon la coordonnée
du maximum de vitesse et du maximum de résistance est, assurément, capable de construire d'ad-
mirables machines, d'un rendement supérieur.

Et d'ailleurs (pendant que j'en suis à ce chapitre)
a-t-on jamais expliqué, de façon satisfaisante, le but
de la guerre nav... elle ne devait avoir pour
objectif que le débarqué... t de troupes sur quel-

que point d'un territoire ennemi : elle s'expliquerait.
Mais la bataille en pleine mer, avec l'Océan pour
complice, à quoi bon ? S'il vous faut tuer, tuez donc
les gens qui montent les flottes, tuez-les donc sur terre ;
ils auront, du moins, une tombe.

Ah ! que penseront donc, de nous, nos descen-
dants prochains, très prochains. Ils nous plaindront,
certes, mais non sans quelque ironie, en constatant
que nous étions encore, en 1906, à étudier les moyens
de nous tuer.

Comme si les maladies, comme si l'une d'entre
elles toute seule, la Tuberculose, ne suffisait pas
à l'œuvre de mort.

Or, un médecin, un médecin allemand : Behring,
vient ENFIN de découvrir une véritable et ration-
nelle thérapeutique de ce fléau, de cette mort toujours, jusqu'à lui, en puissance.

Que fait-il ? Il en avertit, tout aussitôt, les savants
du monde entier.

Eh bien ! Behring ! Vous avez été très grand,
mais point patriote (au sens étroit du mot). Car
si vous aviez agi *hermétiquement*, réservant le bénéfice de votre découverte à la seule Allemagne, l'Allemagne n'avait plus besoin de canons et, dans un siècle
prochain, elle aurait pu régner sur le Monde, sur
un Monde propice à l'Agriculture, puisqu'il n'eût presque plus été qu'un grand cimetière.

Mais vous êtes un grand savant et vous avez agi
comme tel. Seulement, en peu de temps, vous avez
donné à votre pays plus de gloire que ne lui en
aurait valu des siècles de conquêtes... car, à vous
seul, vous avez fait tout le contraire de ce que fait
la Guerre.

(Et croyez que cet éloge, de ma part, est désinté-
ressé : je me porte bien.)

Tandis que se meurt l'esprit de Guerre, un autre
est né qui nous réserverait — s'il devait *réussir*

— de pénibles lendemains. Je veux parler de l'internationalisme.

Pour se permettre de parler d'internationalisme, d'internationalisme politique, il faut être, *encore* ou *de nouveau*, en enfance. Messieurs les Internationalistes, avez-vous lu Taine ? Apparemment : non ! Car si vous aviez lu seulement sa préface de *l'Histoire de la Littérature anglaise*, vous y auriez vu que l'esprit de la collectivité (le mot vous plaît, hein ?) est en grande partie, dans sa partie essentielle un produit du *milieu*. On comprend, par exemple, que les Aryas aient eu toute une littérature consacrée à *Indra*, à *Indra Savîtri*, à *Indra-le-Splendescent*. Mais on s'étonnerait fort de trouver des hymnes au *Soleil-Torride-Eblouissant* chez les Scandinaves. La mer, en grec, ne se fût point appelée *Thalassa* si, au lieu d'être la Méditerranée, elle avait été la Houle Perpétuelle qui sévit autour des Açores.

Lisez donc Taine, ou relisez-le, ô farouches chasseurs de bulletins de vote ! et vous arriverez à comprendre que le *mythe* de l'internationalisme est beaucoup plus un *mythe* que celui de Deucalion... qui, pour repeupler le Monde, commença par la Grèce... et s'en tint là.

Et puis... et puis votre internationalisme (que ce mot est donc long !) n'est pas, précisément, le pacifisme : Paix entre les Peuples, mais Guerre entre les Classes ; Guerre acharnée entre les Classes... jusqu'à ce que la Vôtre (vos électeurs) ait, enfin, ce qu'avaient les autres et que la même histoire, la même lutte recommence... en sens contraire.

Mais, croyez-moi, vos électeurs commencent à le comprendre et... cherchent autre chose.

Puisque j'en suis à la question de « milieu », quelle ironie n'y a-t-il pas à faire des soldats de pauvres êtres qui n'ont aucune tare physiologique, mais qui sont attaqués de peur ou de frénésie congénitales.

De la première espèce, j'ai connu un échantillon...
au Tonkin (où l'on ne se battait déjà plus ou guère,
où nous ne faisions plus office que de police... armée, et où notre rôle était si clair, que les popula-
tions tranquilles et laborieuses, recherchaient notre
protection et qu'autour de nos « Postes », les vil-
lages s'improvisaient... comme féeriquement.)

L'échantillon, donc était un petit blond, très pâle
et que, pour la circonstance, je nommerai : .... Xercès.
(Pseudonyme peu compromettant !)

Xercès avait, pour un soldat, un avantage incon-
contestable. Il était tireur tout à fait hors ligne. A
800 mètres, il mettait toutes ses balles, non pas
dans la cible réglementaire, mais dans celle qui ser-
vait pour le tir à 100 mètres.

Mais Xercès, je l'ai presque dit, était né peureux.
Et dans ce bon pays où foisonnent les tigres et abon-
dent les sinistres et *tigreux* « pirates » (les *giaks*,
en annamite), quand il lui advenait, suivant une
périodicité bien réglée, de prendre la garde, et qu'il
était de faction, nous ne riions pas de bon cœur et
souvent il lui arriva de nous causer un vif émoi.
Dans l'air orageux de la nuit, voyait-il luire, au
loin, la phosphorescence d'une luciole qu'il la pre-
nait, invariablement (la peur aidant), pour une ra-
diation... d'œil de tigre ou de... pointe de sabre d'un
giak. Et il tirait une... deux... trois... quatre... toutes
les balles emmagasinées dans son *Lebel.* Bien entendu,
la luciole était tuée (je le suppose, du moins, n'ayant
jamais eu le zèle d'aller aux constatations) mais,
du coup, nous étions, tous, sous les armes et le canon-
revolver dont nous étions nantis faisait entendre ses
quintes de toux et crachait... la forte phtisie.

Après ces prélir....ires mouvementés, nous réflé-
chissions et confessions : « Mais, au fait, c'est Xercès ! c'est Xercès qui est de garde et qui aura encore

vu une « mouche-à-feu... » Pauvre bête l ce qu'elle doit être malade l l l »

L'autre cas est plus grave... et moins gai. A Tunis, au 4e tirailleurs (indigènes) il y avait un sergent, bel Arabe noir des *Beni-Mzab*. C'était un être très bon et surtout très honnête : il était vaguemestre. Il était, en outre, très fier : il était décoré de la Légion d'Honneur. Mais la cause à laquelle il devait sa décoration était plutôt lugubre.

A Wissembourg, déjà soldat, il s'était jeté dans la mêlée avec... FOLIE. Après avoir, pendant quelque temps, fait usage de ses armes, il ne lui en était plus resté que des tronçons inutilisables, en ses mains. Il les avait jetés, et sans la moindre conscience ni du danger qu'il courait, ni de la terreur que semait son image de cauchemar, autour de lui, il allait, lentement, à travers le cyclone de plomb et les flaques de sang... dans la nuée rousse et bleue de la poudre. Mais tout à coup, une crise plus violente le secoua. Indifférent à la fatigue, il venait d'apercevoir un officier supérieur prussien... à cheval. Il tourna derrière le cheval et, d'un bond, fut sur sa croupe... Alors... il étreignit l'officier, entre ses bras puissants, et le saisit à la nuque... avec ses dents... et mordit... et mordit jusqu'à ce qu'il eût broyé, mâché, la moëlle épinière de sa victime.

On l'a décoré, ce sauvage l Mais, alors l soyons logiques l et accordons, au moins, les « Palmes Académiques » ou... le « Mérite Agricole » aux rares Cannibales qui, dans nos colonies océaniennes, pratiquent, encore, ce genre de... sport et se préparent, ainsi, à la Guerre... en Europe (? ? ?)

Mais l'Europe n'a plus à craindre le renouvellement du drame de Wissembourg. L'Europe, entend, plusieurs fois par jour, un terme qui eût, sceptiquement, fait sourire Dunois et Xaintrailles et, beaucoup plus près de nous, les généraux de Napoléon :

Entente cordiale, entente cordiale entre l'Angleterre et la France !

Ah ! Peuple anglais, Peuple français ! En avons-nous versé du sang, pour en venir là !

Et, comme de vieux enfants, nous parvenons enfin à comprendre qu'il n'est pas nécessaire de s'entre-tuer, deux ou trois bonnes fois par siècle (nous avons même eu, un petit litige, qui n'a duré que « Cent Ans » à lui tout seul... mais c'est si loin !... si *irretrouvable*).

Et nous en voici à l'Entente Cordiale.

Comme ce mot me plaît donc, et infiniment plus qu'alliance ! Alliance veut toujours dire Menace. Or nous n'avons personne à menacer... plus personne... ni à redouter.

Car voici que vient de parler le KAISER !

Ce n'est pas lui qui a pris la parole, puisque la Constitution ne le lui permet pas. Mais M. de Bülow, son Chancelier, n'a dit que ce qu'il lui était permis de dire et la Muse de M. de Bülow — Muse casquée et fière moustache, fièrement relevée — s'appelle Guillaume II. (Sire ! permettez-moi, pour cette fois, de vous appeler Guillaume... comme *chez nous*.)

LE 14 NOVEMBRE 1906 — QUI SERA UNE DES TRÈS GRANDES DATES DE L'HISTOIRE, M. de Bülow, se félicita, devant le Reichstag, de la situation générale, et particulièrement des rapports germano-français.

Après avoir déploré qu'une entente étroite, une alliance avec la France, fût encore impossible (Monsieur le Chancelier ! avez-vous bien dit toute votre pensée ? n'avez-vous pas, plutôt, sollicité une nette contradiction ?) M. de Bülow rappela une conversation qu'il eut, à Paris, avec Gambetta :

La France, me disait-il, était tombée sur ses genoux ; je lui ai dit : Debout et marche ! »

Ce qui est possible entre nous et la France, ce sont des relations correctes. J'espère, et je crois que je puis dire : « Nous espérons tous, sans différences de partis, de la droite à la gauche, que le nombre de Français raisonnables, qui en principe repoussent l'idée d'une guerre agressive contre l'Allemagne, augmente, et que le nombre de ceux qui ne souhaitent la guerre que parce qu'elle pourrait, à la fin, être favorable à la France, diminue.

Nous espérons tous, chez les deux peuples, que l'idée progressera, que, pour les deux peuples, il n'y aura aucun intérêt à courir le risque énorme et l'horrible malheur d'une guerre et qu'il est de l'intérêt des deux côtés de ne pas troubler la paix mutuelle.

Ce qui paraît encore plus probable, c'est que les deux peuples qui se rencontrent et travaillent ensemble sur le terrain économique, sur le vaste terrain des entreprises industrielles et financières, s'entendront peut-être, un jour aussi, sur telle ou telle question coloniale.

Je fais remarquer, ici, expressément, que nous ne pensons nullement à vouloir nous glisser entre la France et la Russie ou entre la France et l'Angleterre.

Nous ne pensons surtout pas à faire de la rupture de l'amitié, entre les puissances occidentales, l'objet de nos efforts avoués ou secrets.

L'alliance franco-russe, depuis son origine, n'a pas été un danger pour la paix, au contraire; elle s'est montrée comme un poids à la marche régulière de l'horloge du monde. Nous espérons que l'on puisse dire la même chose de l'entente cordiale anglo-française. Les bonnes relations entre l'Allemagne et l'Angleterre ne peuvent non plus être en contradiction avec l'entente cordiale, si celle-ci poursuit des buts pacifiques.

L'entente cordiale, sans de bonnes relations des puis-

sances occidentales avec l'Allemagne, serait un danger pour la paix européenne.

Une politique qui aurait pour but d'enfermer l'Allemagne dans un cercle de puissances pour mieux nous isoler et nous paralyser, serait une politique dangereuse pour la paix de l'Europe. Voilà pourquoi il est particulièrement heureux que justement, dans des journaux français, la pensée ait été exprimée, qu'une bonne entente entre l'Allemagne et l'Angleterre est nécessaire pour le maintien de la paix et qu'il y va à cause de cela de l'intérêt français.

Ce discours est admirable, en tous points. Je sais bien que notre vieux Sceptikos qui se conserve dans sa douce naïveté (inconnue de lui seul), dans sa douce naïveté vieillotte et podagre, ne manquera pas de nous dire :

« Ah ! bonnes gens ! ne vous congratulez pas trop vite ! Vous ne savez pas entendre : n'avez-vous donc pas saisi les passages où M. de Bülow dit que « l'entente cordiale, sans de bonnes relations avec l'Allemagne, serait un danger pour la paix européenne » et « qu'une politique qui aurait pour but d'enfermer l'Allemagne dans un cercle de puissances... serait une politique dangereuse pour la paix de l'Europe... »

Mais si, mais si ! Sceptikos, j'ai bien entendu et bien saisi, nous avons bien entendu et bien saisi. Et comment, vous, que les Comanches (de jadis) eussent nommé « La moule rusée », l' « Ecrevisse subtile », ou l' « Escargot concentré », comment, vous ! n'avez-vous pas entendu et surtout saisi ?

N'auriez-vous, Sceptikos ! jamais eu affaire à un notaire... pour quoi que ce soit de très banal : un emprunt, par exemple, pour vous permettre d'accroître l'industrie que vous dirigez. Oui ! Eh bien ! ne vous souvenez-vous plus que le notaire vous a demontré qu'il fallait qu'une hypothèque sur vos biens, garantît le remboursement de votre emprunt?

Loin de traiter cet officier ministériel de « traître » ni même « d'anthropophage » ou « d'oïkophage » (ce dernier mot me plaît en raison de son caractère... peu purgatif) vous lui répondriez : « Bien entendu! » et vous ne songeriez pas, un seul instant, à supposer qu'il y ait, là, le moindre soupçon à l'égard de votre probité.

Alors?... Alors M. de Bülow a dit ce qu'il devait exactement dire et nous lui savons gré d'avoir *forclos*, d'avance, tout prétexte à *procédure*.

La procédure, entre Nations, coûte vraiment trop cher.

Mais puisque je parle de procédure qu'il me soit permis de penser (tout haut) qu'il est quelqu'un à qui la France et l'Allemagne doivent, à présent, de sincères félicitations.

Sans doute, l'Empereur Guillaume n'a pas besoin d'inspirateur.

Mais si Son Désir de Conciliation avait rencontré, dans le Représentant de la France, à Berlin, cette courtoise mais perfide Diplomatie des malheureuses époques dites « Grandes Epoques de l'Histoire », que fût-il advenu?

Je me réjouis donc de saluer, en M. Bihourd, un des pionniers de la Paix.

La Justice militaire

Quelques lignes, seulement, sur ce qu'on appelle, encore, la Justice Militaire.

Je ne veux pas parler, ici, des officiers qui composent les Conseils de Guerre.

Ils sont désignés, à tour de rôle, comme les jurés

et sont, dans la plupart des cas, aussi peu justiciers professionnels qu'il est possible de l'être.

J'en ai connu, en Tunisie et au Tonkin, qui n'abordaient leur rôle momentané, qu'avec un serrement de cœur.

Et lorsque, à contre-cœur, ils rendaient un jugement conforme aux exigences du terrible Code Militaire, plus d'un, parmi eux, avait les yeux un peu humides.

(M. de Saint-Ferjeux qui, étant lieutenant-colonel de chasseurs d'Afrique, en 1886, présidait une session, au cours de laquelle je fus cité comme témoin, ne me démentira pas, j'en suis sûr.)

Mais, c'est la répression qui est horrible et répugnante.

Le 6 décembre 1906, Jacques Dhur a donné, dans le *Journal*, un très remarquable article, sur ce sujet. J'y renvoie les lecteurs. Mais, ici, je me contenterai de dire que le système répressif en usage, dans les « bagnes militaires », ne relève d'aucun jurisconsulte, mais, certainement et uniquement de l'Immonde marquis. (de sade.)

Cependant, je me permettrai de faire remarquer combien est singulière, la méthode adoptée par l'autorité militaire, quant à la garde et à la surveillance de ses *forçats* d'Algérie.

De cette garde et de cette surveillance elle croit bon d'investir des Arabes.

Pourquoi pas des anthropophages ! Il y en a encore, et pas très loin de la frontière sud-algérienne... pourquoi pas des anthropophages auxquels serait *abandonnée* une prime, *en nature*, pour chaque évadé repris... l'évadé lui-même, ou un morceau de l'évadé ?

O France ! ô mon pays ! est-ce bien là le rôle civilisateur auquel tes hautes destinées te consacraient ? Et crois-tu qu'en agissant de la sorte, tes chefs militaires jettent beaucoup de lustre sur la devise républicaine et sur toi-même.

En ce chapitre, je n'ai parlé que des crimes de l'armée de mon pays... et c'est assez !

J'ai, presque, terminé ma tâche.

Mais, je crois bon d'insister sur un tout petit détail qui a son importance.

Cessons donc, de peuple à peuple, de nous ridiculiser, même légèrement.

Il est de mode, en France (car je ne veux parler ici que de mon pays) de rire de la prononciation qu'Anglais, Italiens, Allemands surtout, adaptent à nos vocables.

Nous trouvons, beaucoup d'entre nous trouvent hilarant que les Anglais nous disent: *Avez viou viu cette monsieur avec le gris pardessiou?* et qu'un Allemand puisse nous demander: *Che foutrais safoir si fous êtes, si fous afez édé soldate?*

Eh ! c'est entendu; ni cet Anglais, ni cet Allemand ne donneront la réplique à Coquelin, au Théâtre-Français. Nous *blaguons* les Italiens pour leur « Ze souis houreux dé vous revouâr » etc..., etc...

Mais nous ! nous Sceptikos que pensez-vous de nous, quand nous sommes à l'étranger.

Laissez-moi vous faire mes confidences. J'avais passé dix ans de ma vie à apprendre l'anglais, sous d'excellents professeurs... et j'avais profité de leurs leçons. Je lisais Shakespeare, aussi couramment que Molière, et même Chaucer, tout aussi vite que Rabelais. Je faisais même des vers anglais. Mais... mais, quand j'allai à Londres pour *parler* anglais, mes débuts, dans la cour de la gare de Charing Cross, furent impressionnants. J'avais à aller à... cinq minutes de là... dans un hôtel cosmopolite, non loin de *Leicester Square*... dans *Arundell Street*. Sûr de mes dix ans d'études spéciales, sans hésitation, je répondis

au cocher qui me demandait où il devait me conduire: « Hôtel So and So. Arundell Street! »

Le *cabby* écouta, médita, puis me répondit: « *Aran-
doll street. I don't know that! Perhaps! you mean
Avendale street...? No...? Well! write the name of
the street please!* (1) »

Docilement, j'écrivis sur la marge d'un journal:
« Arundell Street ». Le cabby, alors éclata d'un rire
(déjà cordial : en 1881 !) « *Hhhhharund'lll Street.
Ah! Ah! Ah! It's fove minits far!* (2) »

Ce cabby était donc un honnête homme, mais je
ne pouvais avoir pressenti, en lisant le féerique Spen-
ser, ni le bon Goldsmith que les cochers de Londres
poussaient le culte et l'emploi de l'*h* aspirée, jusqu'à
la plus munificente prodigalité.

Je ne peux éviter non plus de signaler quelque
chose de beaucoup plus grave.

Qu'il y ait des chansons patriotiques, je n'y ver-
rais aucun mal si, la plupart du temps, ces chansons
n'étaient agressives à l'égard des peuples voisins.

Elles sont idiotes, au surplus, ces chansons!

Que pensez-vous, par exemple, de celle où une
Alsacienne est censée dire à un soldat allemand:

> Sentinelle! ne tirez pas! *(bis)*
> C'est un oiseau qui vient de France!

Soyez convaincue, belle Alsacienne! que le factionnaire allemand, pas un seul instant, ne songera
à brûler ses cartouches sur des moineaux. Il y aurait, à cela, des inconvénients pour lui.

Et puis, que restera-t-il pour la marine?

> Torpilleurs! ne tirez pas!
> C'est un hareng qui vient de France!

---

(1) Araudoll street! Je ne connais pas ça. Peut-être vous vou-
lez dire Avendale street? Non? Bon! écrivez le nom de la rue,
s'il vous plaît.

(2) HHH...arund'll street! c'est à cinq minutes de distance.

Si l'on mettait ce prix-là, aux harengs, je n'en pourrais, hélas ! manger que bien rarement. Et cependant ! c'est si bon pour le cerveau !

Puisque me voici venu à des considérations alimentaires, je crois bon de faire observer que nous pourrions, entre peuples, user d'un peu plus de courtoisie que nous ne le faisons.

Pourquoi cette manie, parfaitement idiote, de nous désigner les uns les autres par ce nous mangeons.

La *Patrie*, l'ingénieuse *Patrie*, il y a un an (16 juillet 1905), perpétrait un articulet intitulé « LES ROAST-BEEF », et exposait, tout candidement, qu'un gamin (de Paris), voyant passer des officiers anglais, en uniforme, avait crié : « Hé ! les Roastbeef ! ».

Et la *Patrie*, pas fière, ramassait ce cri de la Rue... parce qu'elle est peu de son temps et pense encore... à quoi ? ? ?

Mystère !

Mais, *Patrie !* ne croyez-vous pas que c'est de très mauvais goût, ce genre d'éloquence.

Il est vrai que les Anglais nous appellent ou nous appelaient « *froggy* » parce que un quart de Français sur 50,000 mangent des cuisses de grenouille.

Mais, *Patrie !* vous glissez-là, sur un terrain bien peu propice à votre thèse.

Car vous n'ignorez, certainement pas, que le résultat... final... de la digestion du *roastbeef* et des pattes de grenouilles est... ostensiblement... le même.

Vous ne pousseriez certainement pas votre passion de départition des nationalités, jusqu'à analyser, tous les jours, les résultats de ces digestions... diverses. Et, peut-être, encore vous y tromperiez-vous ? Car rien ne ressemble (le plus souvent) à un... reliquat de digestion comme un autre... laissé-pour-compte de digestion.

Ce serait là, l'occasion, pour vous de frais assez considérables et d'une besogne peu apéritive.

Mais, en conscience, j'abandonne ce terrain... : il est trop faiblement consistant.

Je parlais, tout à l'heure, des chants patriotiques.

Se rappelle-t-on que lors de l'inhumation de Victor Hugo, le Comité des fêtes funéraires, sut découvrir que la « Marseillaise » n'était en somme, qu'un hymne funèbre hollandais que Rouget de Lisle avait transposé de *mineur* en *majeur*.

Et la Marseillaise fut jouée, en *mineur*, aux funérailles d'Hugo.

Ah ! que c'était donc bien là son *mode* normal, à ce chant de guerre ! Car qu'est donc la Guerre sinon un immense Deuil ?

Il n'est plus qu'une chose que je veuille dire et elle a trait à une Personnalité. Les journaux nationalistes français se sont plu à nous représenter Guillaume II, tantôt comme une sorte de reître prêt à toutes les mauvaises aventures, et tantôt comme un *Meistersinger* du cycle de Wagner.

A peine ferai-je remarquer qu'il y a quelque contradiction entre ces deux manières de voir.

Mais j'ai, sous les yeux, une excellente photographie du Kaiser, prise aux dernières grandes manœuvres.

Il est, en voiture, au milieu de son état-major. On pourrait donc s'attendre à trouver, dans ses traits, l'expression d'une grandeur un peu hautaine.

Mais non ! certainement non ! il n'y a aucune morgue, aucune dureté sur son visage. Les yeux sont calmes et... doux.

Et s'il est permis d'y lire une pensée, c'est une pensée douce et religieuse : « Mon Dieu ! faites que ces milliers d'hommes ne soient jamais détournés de leur naturelle vocation de fils, d'époux et de pères ! »

Le Kaiser est religieux, on le sait, et, souvent,

c'est cette prière-là qui doit commencer et finir sa journée.

CONCLUSION

Quelques mots, Lecteurs ! bien peu de mots, pour finir.

J'ai résumé, autant que je l'ai pu faire, les dangers, les Maux de la Guerre.

Non pas théoriquement, mais en utilisant quelques grands faits connus de Tous, quelques grands faits récents qui ont, pour la Cause que j'ai essayé de défendre, l'éloquence âpre et profonde des Choses qu'on n'a pas évitées, mais qu'on aurait pu, si facilement, éviter. Et du défaut de prescience, de l'ambition mal conçue, mal mesurée de Quelques-Uns ont jailli des trombes de malheur qui ont obscurci le Ciel et, surtout, ébranlé Votre Foi dans le Bien, dans le Bien d'ordre sacré, fatal et définitif.

Mais, cependant, Lecteurs, ne désespérez pas et, surtout, ne riez pas du rire incrédule du Mauvais Penseur.

Je vois, la Paix étendre, enfin, ses grandes ailes blanches, ses ailes de neige dorée et tiédie par les rayons de l'Aube des Espoirs consolants.

Je crois que notre race a accompli son temps d'épreuve, qu'elle a assez souffert et assez pensé pour, enfin ! comprendre l'horreur des sacrilèges du Passé et... pardonner à leurs auteurs.

Enfin, l'Homme a su entendre la Volonté de Dieu et, bientôt, ému dans toutes ses fibres, ému jusqu'au fond, pour lui, jusqu'alors inconnu, de son âme, il dira, dans un élan de prière :

« Mon Dieu ! les générations et les générations se sont succédé sans comprendre Votre Volonté.

« Mais l'Homme a accompli son temps d'épreuve et, maintenant, heureux d'avoir, même par le malheur, pu discerner vos voies, il vous remercie, ô Dieu !

Et sûr, désormais, qu'il n'eût pu parvenir, sans vous, à un aussi grand Bien, il espère, plus fermement que jamais, que vous ne lui refuserez pas la grâce de travailler, en Paix, à découvrir le sens de Vos Lois, à découvrir le Bonheur que vous aviez, depuis si longtemps, mis à sa portée.

Et, désormais, la Vie et l'Amour seront ses deux seuls buts et, par la Vie et l'Amour, il se rapprochera de Vous : de sa Fin réelle : le Bonheur, dans la Loi Eternelle. »

NOTES

Je n'ai pu réunir qu'assez tard et tandis que la plus grande partie de ce travail était à l'impression, *quelques* documents sur les pertes japonaises.

Les rapports officiels des commandants de divisions donnent les résultats suivants :

Passage du Yalou, 1er mai	1.000
Combat de Nanchan, 26-27 mai.s	4 000
Combat de Telané, 14-15 juin	1.000
Combat de Tachichiao, 24-27 juillet	1.000
Bataille de Liao-Yang, 26 août-4 septembre.	18 000
Bataille de Cha-ho, 10-18 octobre	15.000
Total.....s	40.000

Aucune indication concernant les pertes n'a jamais été fournie par le général commandant l'armée d'investissement de Port-Arthur (1re, 9e et 11e divisions). Bien plus, on a apporté un soin tout particulier à empêcher tout renseignement provenant de cette partie du théâtre des opérations d'être communiqué au public. On ne compte plus les procès intentés aux journaux japonais et étrangers de Kobé, de Yokohama et de Tokio, pour les informations les plus inoffensives, concernant l'armée du général Nogi, tandis qu'on s'est montré très tolérant, pour les nouvelles provenant des environs de Liao-Yang. De l'attitude systématiquement mystérieuse adoptée par les autorités militaires, il est logique de conclure que les pertes éprouvées par les divisions assiégeantes ont été considérables. On peut, en y ajoutant celles causées par les nombreux combats secondaires non mentionnés au tableau précédent, les estimer à 30,000 : ce qui donnerait un déchet total de 70,000 hommes, résultant uniquement des effets du feu de l'ennemi.

On considère généralement que, dans toute campagne mettant en ligne des contingents importants, les armées éprouvent moins de pertes au cours des combats que du fait des maladies. La guerre russo-japonaise constitue une exception à cette règle jusqu'ici toujours vérifiée. L'état sanitaire de l'armée japonaise a été, en général, très satisfaisant.

∴

Bien que je n'aie pas fait l'historique de la guerre Hispano-Américaine, qu'il me soit permis de donner ici un résumé, *en chiffres*, de ce drame.

L'Espagne a perdu :

Cuba, soit :.................Fr.	1.500.000.000
Philippines........................	2.250.000.000
Porto-Rico......................	750.000.000
Dépenses de guerre...........	625.000.000
Pertes du commerce...........	100.000.000
Trente navires perdus..........	150.000.000
Total..........	5.375.000.000

Les Etats-Unis ont perdu :

Le « Maine »..................	12.500.000
Dépenses de guerre...........	1.000.000.000
Indemnité à l'Espagne..........	100.000.000
	1.112.500.000
Total général.....Fr.	6.487.500.000

Pertes en hommes, pour les Etats-Unis : Environ 253 tués et 1,324 blessés. Ces chiffres ne comprennent pas les 266 marins morts sur le *Maine*.

Pertes en hommes, pour l'Espagne : Environ 2,500 tués et 3,000 blessés.

La catastrophe du *Maine* a donc coûté à l'Espagne vingt-et-un navires de guerre, la défaite de deux armées, la perte de Cuba, de Porto-Rico, des Philippines et de quelques autres petites îles.

Naguère, l'Espagne avait sous sa domination et, par conséquent, dans son *actif* économique, dix millions d'individus, il lui en reste moins de 200,000 (deux cent mille).

Le New-York Journal, auquel j'emprunte ces documents, terminait cette statistique par une semonce dépourvue d'artifice adressée à *des* Etats européens que, d'ailleurs, il ne nommait pas : « Que les autres puissances qui ont des intérêts coloniaux et désirent les conserver, prennent bonne note de l'issue d'une guerre juste ! »

On ne peut vraiment pas pousser, plus loin, le sentiment des convenances !

.˙.

Encore, au moment où j'envoyais ces pages à l'impression, une dépêche nous apprit que le Prix Nobel, pour la Paix, venait d'être décerné au Président Roosevelt.

Le rôle qu'il a assumé dans la conclusion de la Paix Russo-Japonaise est trop connu pour que j'y insiste, de nouveau.

Il est à espérer que son exemple fructifiera et qu'enfin, les Etats-Unis assumeront, définitivement, le rôle élevé que leur confère la haute culture de la majorité de leurs citoyens... citoyens issus des énergies et de la clairvoyance du Monde civilisé.

.˙.

Le 10 décembre 1906, la Chambre française a été saisie par M. Buyat, député de l'Isère, d'une proposition de loi ayant pour objet la suppression des bagnes militaires.

La question est tenue « en délibéré ».

Néanmoins, ce que j'ai pu dire — après d'autres — de ce honteux régime, appartient à l'Histoire et je ne veux pas en retrancher un mot.

9 782019 134006